CW00521638

Educh.ch sarl

Mindfulness, Hypnose et Relaxation en coaching individuel.

Educh.ch Sarl 1997-2019 membre de la Fédération Suisse pour la formation continue FSEA
Pierre-Alain Lüthi Docteur en Sciences de l'éducation Université de Genève 01/05/2019

NTRODUCTION AU DOCUMENT

et ouvrage est le manuel d'accompagnement et de prise de note de l'atelier Educh.ch: Iindfulness, Hypnose et Relaxation en coaching individuel.

e manuel n'a d'utilité qu'en suivant un atelier Educh.ch en salle ou en ligne.

et atelier est centrée sur l'intégration des outils et techniques de méditation et de relaxation ısé sur l'attention: cet angle de vue porté à l'attention permet de prendre en compte ɔmbres d'approches différentes: mindfulness, pleine conscience, autohypnose et ACT (:ceptation et engagement) dans les processus d'accompagnement en coaching et en ırmation individuel.L'atelier est tout public et il peut-être suivi comme une journée de ırmation au coaching ou d'autocoaching.Cet atelier vous permettra de d'intégrer des struments de méditation et de relaxation à vos séances de coaching ou d'autocoaching :rsonnel. Que ce soit en coaching de projet, en résolution de problème ou en coaching :olaire ou parental.

otre modèle d'intervention en coaching s'appuie sur quatre étapes distinctes: Relation - ttention - Explicitation et Solutions.

'attention est donc partie prenant du processus de résolution de problème en coaching. ous nous intéresserons donc particulièrement à cette dimension du processus de coaching ı d'autocoaching personnel.

'atelier peut -être suivi pour une intégration personnelle de ces outils, la journée ɔrrespond à un suivi de coaching individuel. Cet atelier est tout public.

omment choisir les techniques de relaxation et de gestion du stress pour et avec vos ients.- Comprendre les effets du travail sur l'attention en coaching individuel.

omment mettre en place un suivi individualisé pour un client ou pour soi-même

a méditation pleine conscience (Mindfulness) offre un suivi thérapeutique très complet. omment réaliser une adaptation de cette technique à une simple intervention de coaching dividuel. Nous découvrirons ensemble des approches simples et facilement mobilisable ırant l'intervention en coaching ou la formation individuel, quelque soit d'ailleurs la ɔmplexité de l'intervention. Prendre en compte simplement la complexité reste pour nous ı leitmotiv des ateliers formation Educh.ch.

Méditation en pleine conscience, hypnose et relaxation en coaching individuel

Objectif de la journée

- Intégrer les techniques de pleine conscience dans l'intervention de coaching individuel.
- Développer ses propres ressources par un processus d'autocoaching.
- Faire son profil de relaxation et de techniques adéquates.
- Organiser l'utilisation de ses techniques personnelles au quotidien.

Déroulement de la journée

- L'hypnose et la focalisation au cœur du coaching individuel et test de stress.
- Relaxation* – Cohérence cardiaque* – Mindfulness* (*Hypnose)
- Outils et Méthodes
- Transfert et mise en place d'un projet individuel d'entraînement

Définition de la transse

- Expérience standard de l'hypnose
- Focalisation de l'attention qui induit progressivement une régulation du rythme interne par une activation du système parasympathique.
- Expérience de flux
- Pilote automatique divers exemple
- Trouver pour vous et pour vos enfants les situation qui génère la transe

Présentation et attente:

- Quelle est votre demande en une phrase:
- Quel objectif désirez vous atteindre ce soir:
- Présentation en dyades:

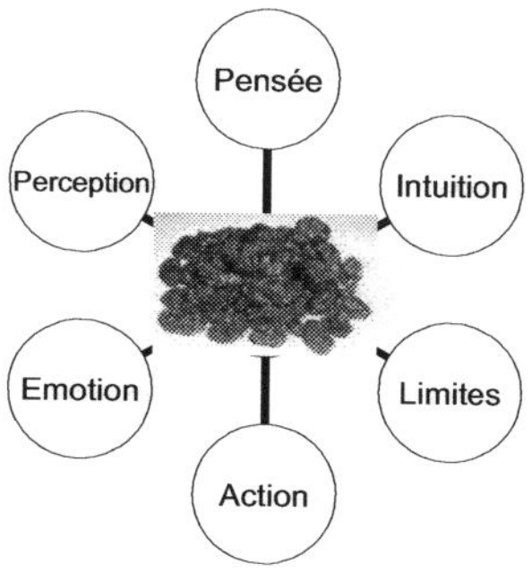

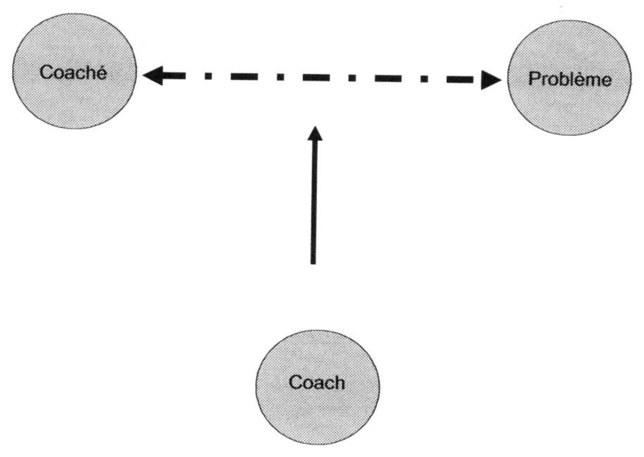
Coaché
Problème
Coach

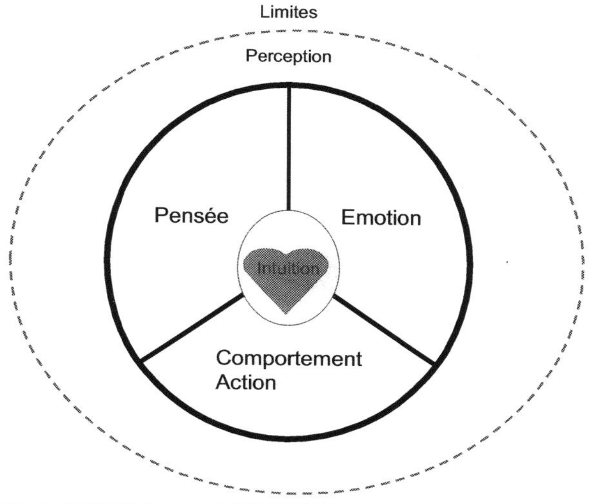
Limites
Perception
Pensée
Emotion
Intuition
Comportement
Action

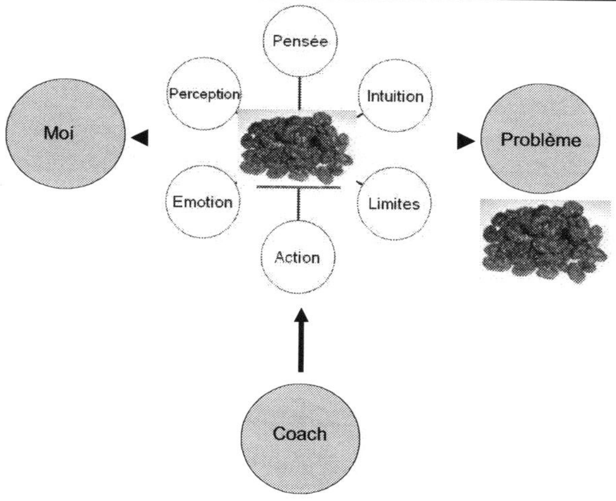
Pensée
Perception
Intuition
Moi
Problème
Emotion
Limites
Action
Coach

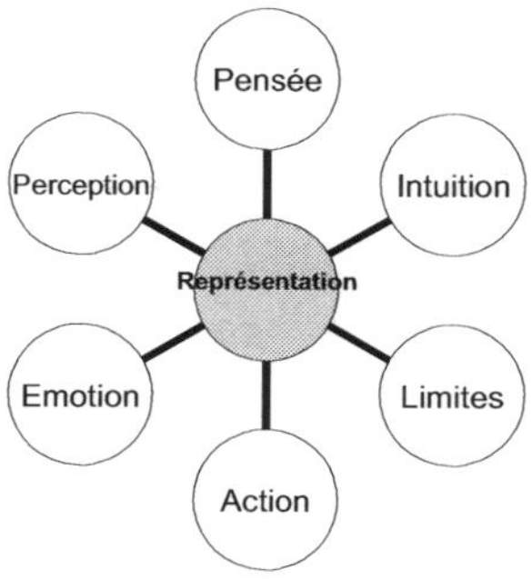
Pensée
Perception
Intuition
Représentation
Emotion
Limites
Action

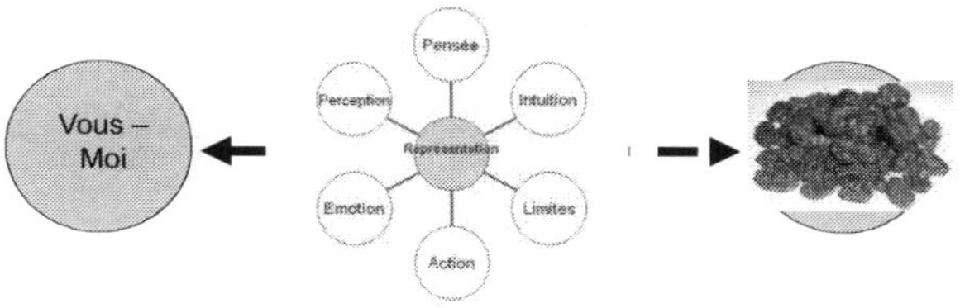
Vous –
Moi
Pensée
Perception
Intuition
Représentation
Emotion
Limites
Action

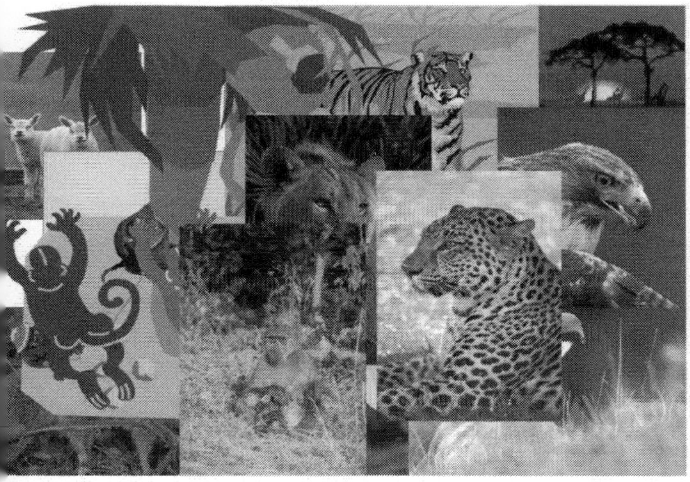

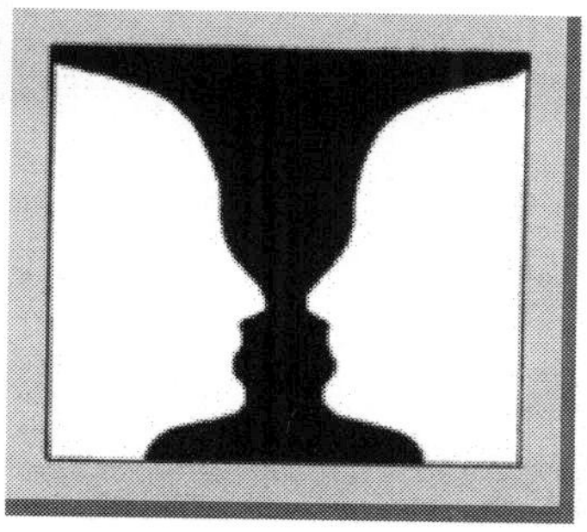

Processus Attentionnel et Conscience

- Voie Haute - Descendante
- Sensible au niveau d'adrénaline.
- Lent – Volontaire – Soumis à l'effort
- Maîtrise de soi
- Capable d'apprendre

- Voie basse montante
- Structure profonde
- Plus rapide
- Involontaire – automatique
- Gestes routiniers – Habitudes
- Représentations
- Automatique

Type d'attention

- Attention sélective (externe)
- Tri automatique d'information utile
- Le cerveau à les yeux plus gros que le ventre
- Sélection d'une source sensorielle
- Ecouter le maître

- Attention divisée
- Attention exécutive (interne)
- Pensée – Imagination
- Traitement de données internes.
- Focalisation sur une pensée
- Attention soutenue
- Ennui - Passif

Concurrence attentionnelle Verrouillage attentionnel

- Attention interne – pensée
- Attention externe sensorielle
- La focalisation interne entre en concurrence directe avec la focalisation externe

- En mode lâcher prise ou concentration
- Possible dans les deux sens.
- Voir Pleine conscience
- L'expert à une attention plus diffuse que l'apprenant. Ce qui est deux pour le novice est un pour l'expert

Externe

Perception | Communication | Socialisation

Être | Penser | Agir

Emotion | Intuition | Motivation

Interne

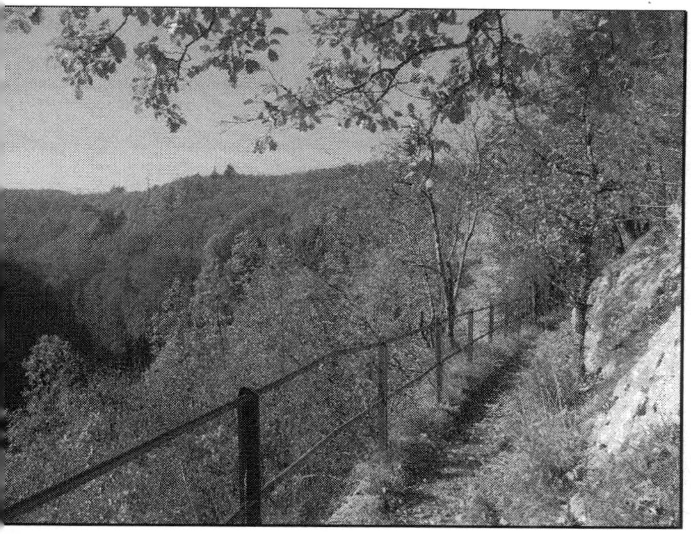

Une situation problème est un grand attracteur hypnotique.
Distracteur Sensoriel, Emotionnel

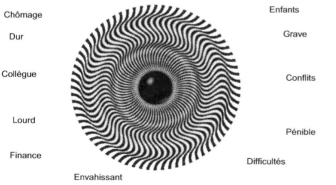

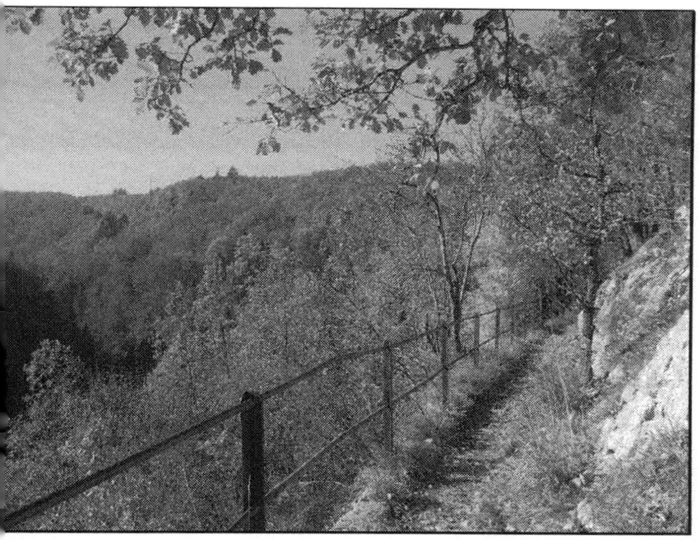

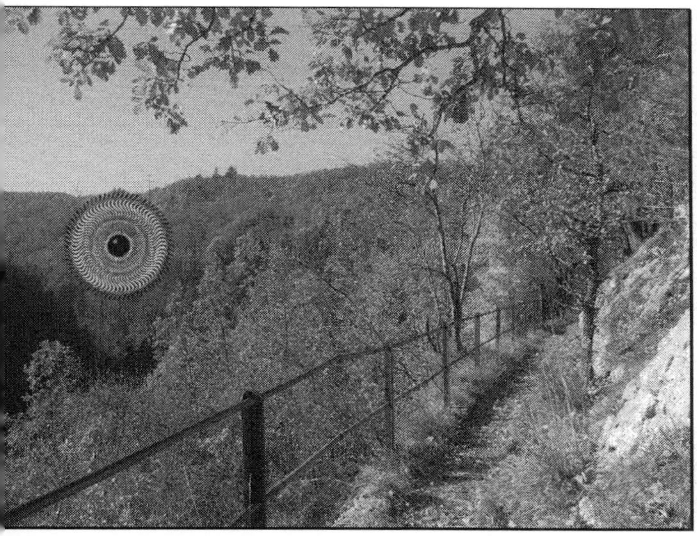

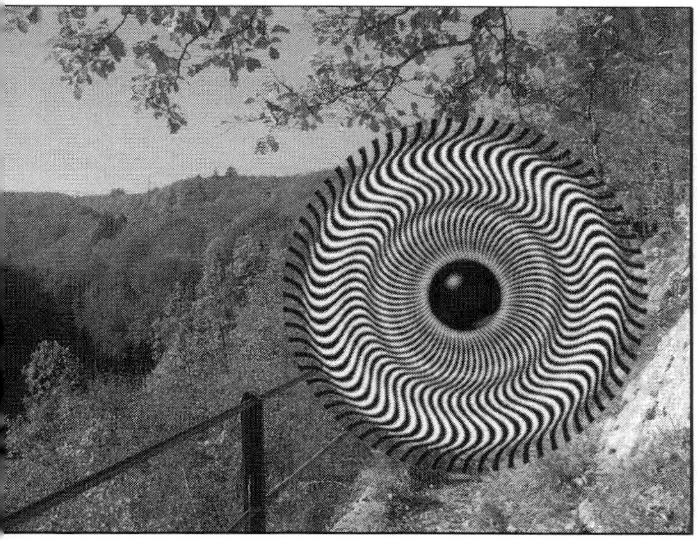

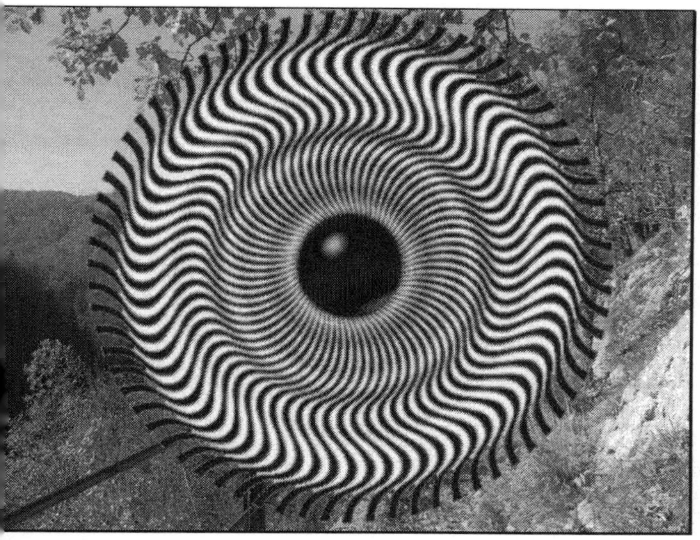

Attracteur négatif

- Le cerveau tourne son attention vers ce qui lui paraît important de résoudre
- Rumination stérile
- Boucle répétitive de l'attention éxécutive qui tente de résoudre une problématique.
- Autoapitoiement
- Catastrophisme – Dramatisation
- Panique trouble du comportement ou pensées et gestes rituels comme les tocs.

Syndrome du nez dans le guidon

La Via Ferrata

- Quand la sensation ou la pensée est soutenue par la charge émotionnelle.
- Les addictions sont liées à des attracteurs cognitifs qui sont amplifiés par des émotions.
- Exemple: Jeux informatiques
- Il s'agit donc de trouver comment faire lâcher le lien émotionnel dans un premier temps

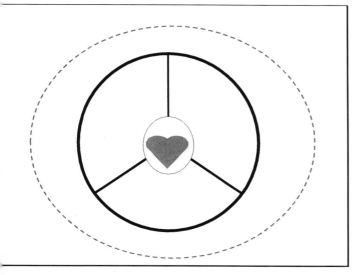

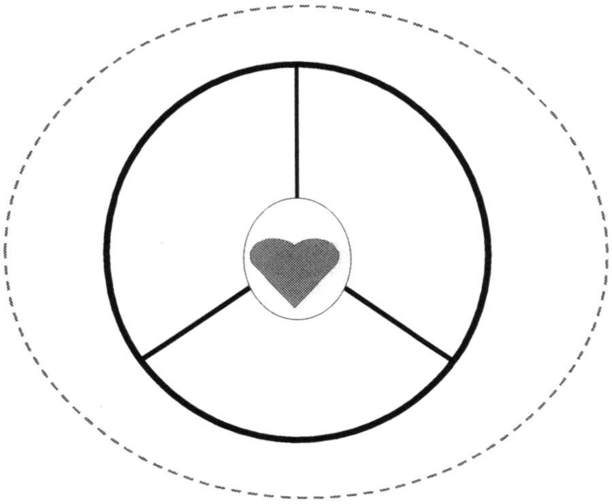

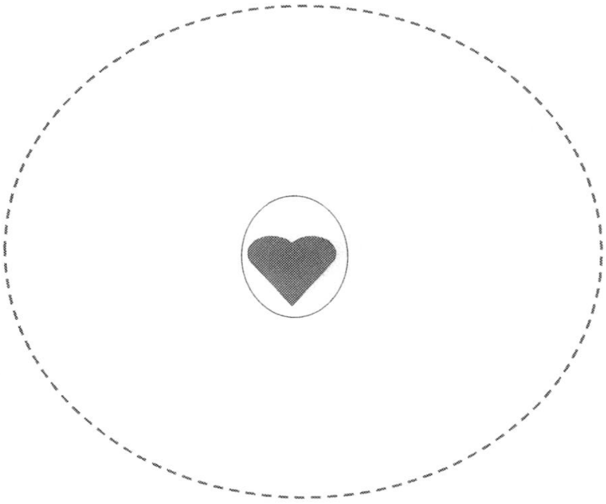

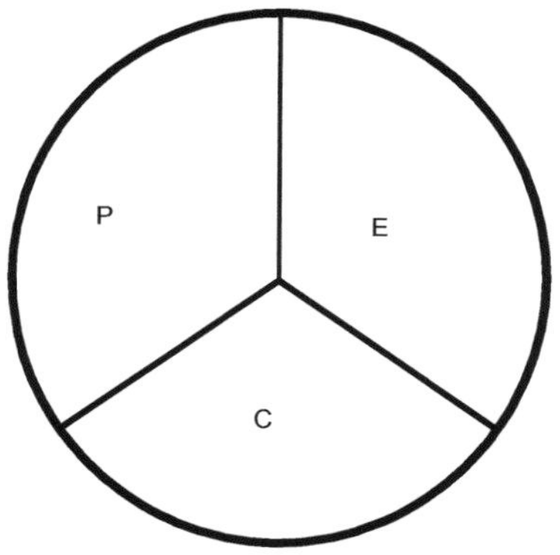

Un problème c'est souvent;

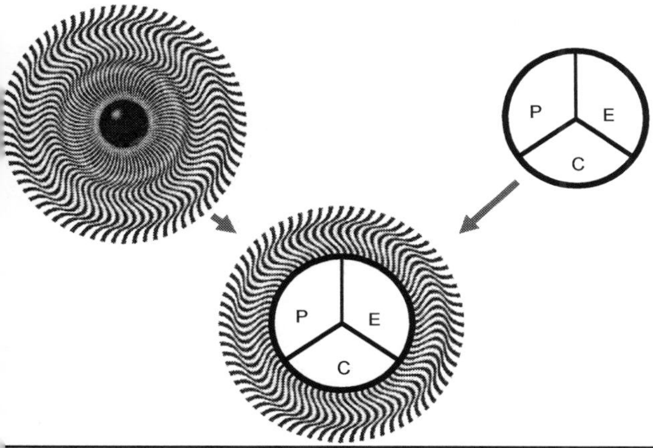

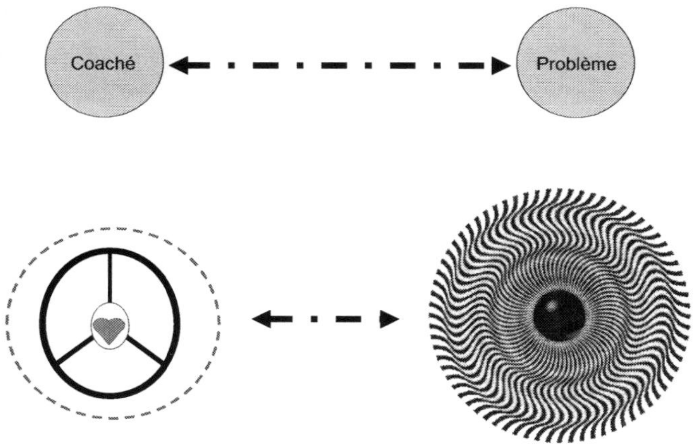

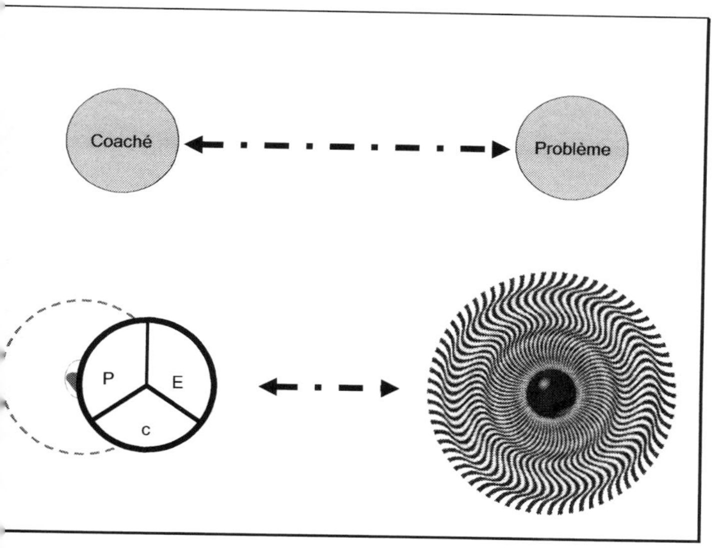
Coaché
Problème
P
E
c

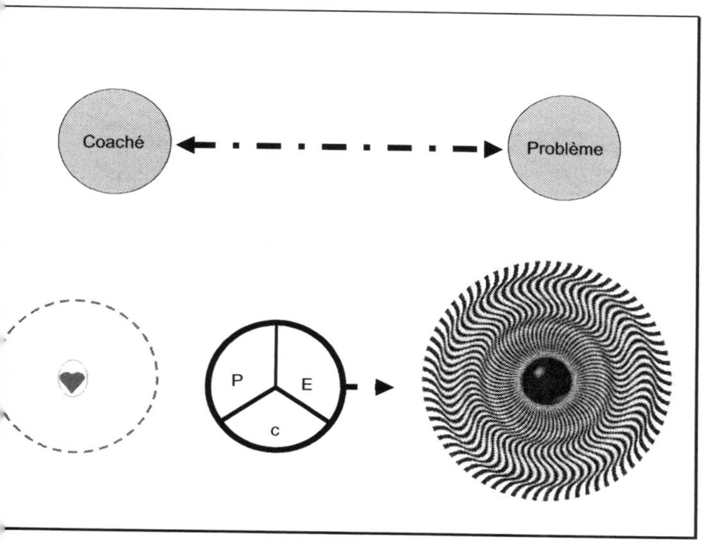
Coaché
Problème
P
E
c

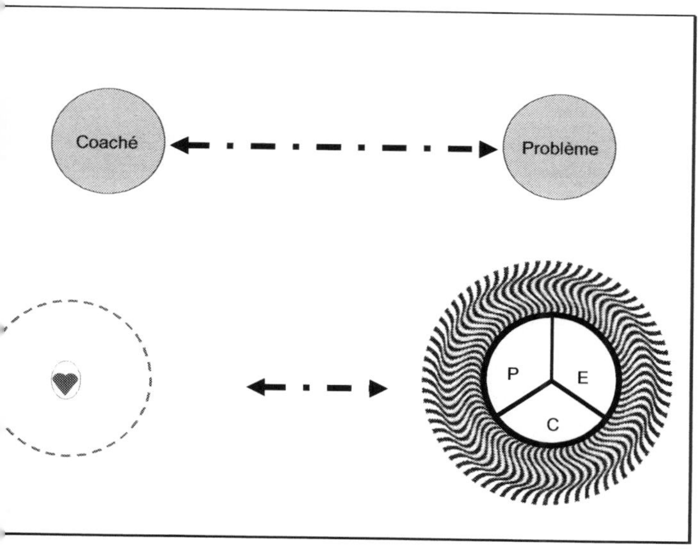
Coaché
Problème
P
E
C

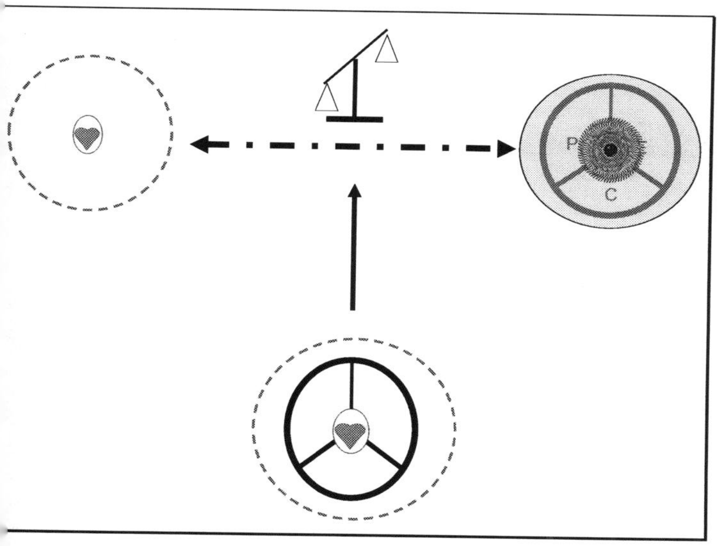
P
C

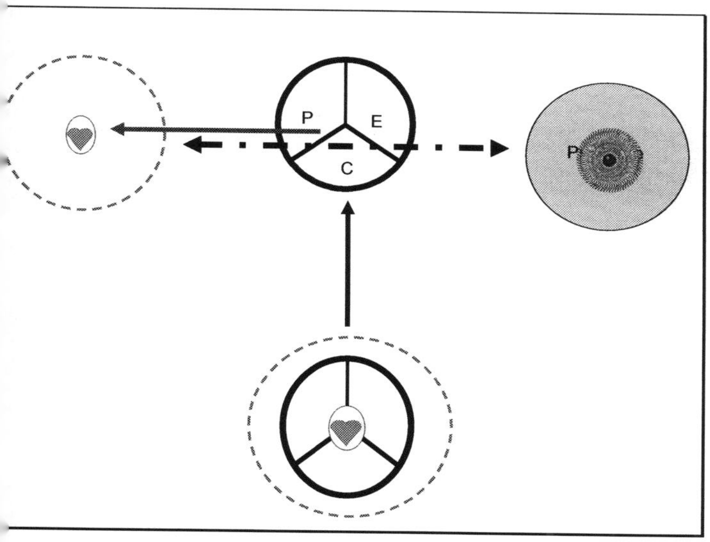
P
E
C
P

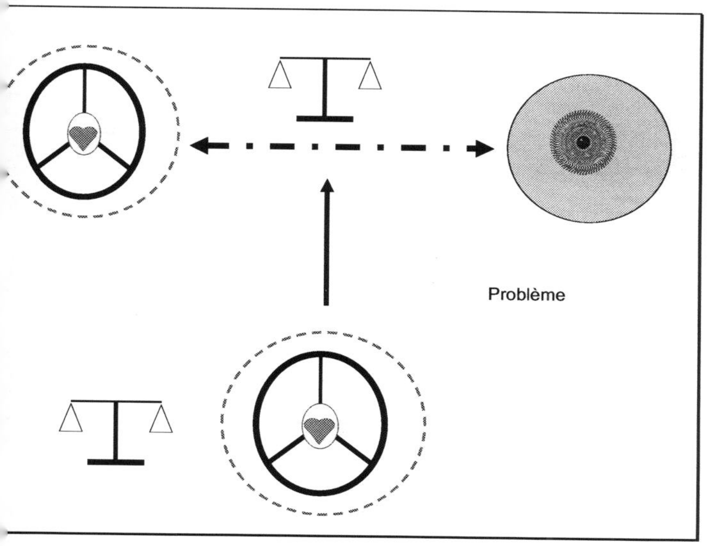
Problème

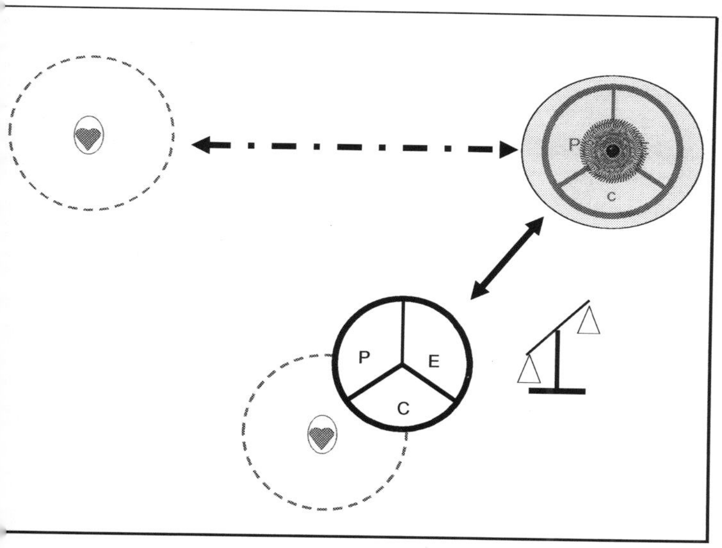
P
E
C
c
P
E
C

Le problème ne vous lâche pas

- Il envahis le champs de la conscience
- Un comportement addictif
- Une pensée TGV
- Une émotions envahissante.
- Une douleur corporelle.
- L'arbre qui cache la forêt.
- Il y a une raison notre cerveau cherche à nous protéger.

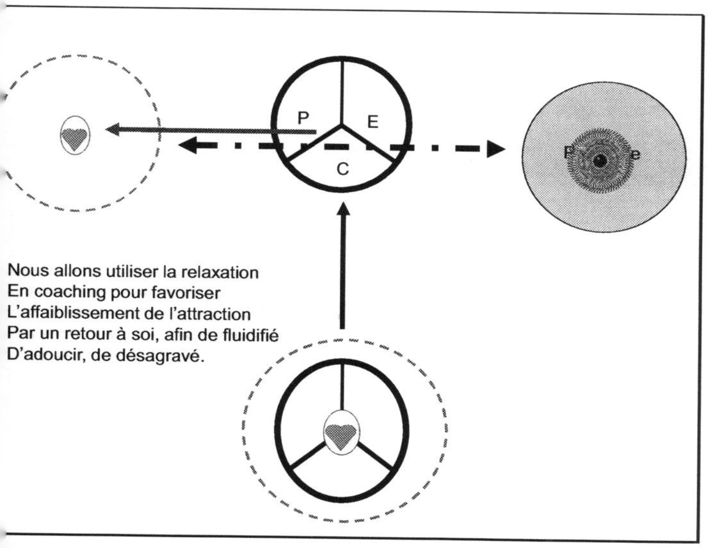
P
E
C
Nous allons utiliser la relaxation
En coaching pour favoriser
L'affaiblissement de l'attraction
Par un retour à soi, afin de fluidifié
D'adoucir, de désagravé.

Evaluer l'attraction d'un problème

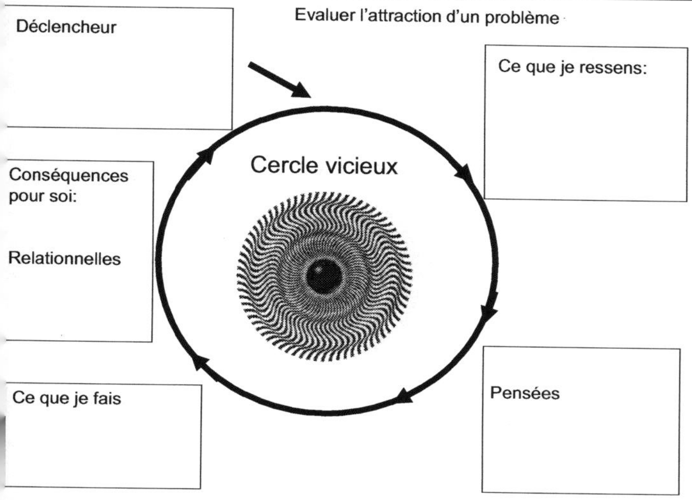

Test de stress

- Charly Cungi

Les synchronies

- Dans un premier temps on augmente la transe de manière volontaire.
- En se centrant sur la difficulté et en travaillant sur la recontextualisation.

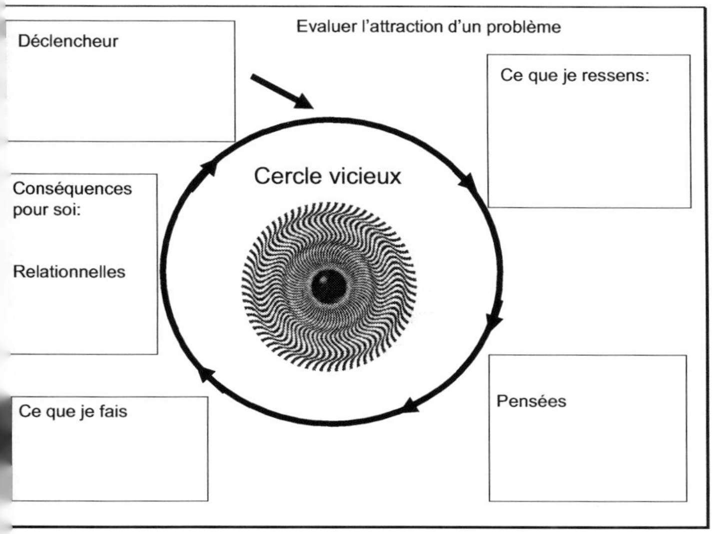

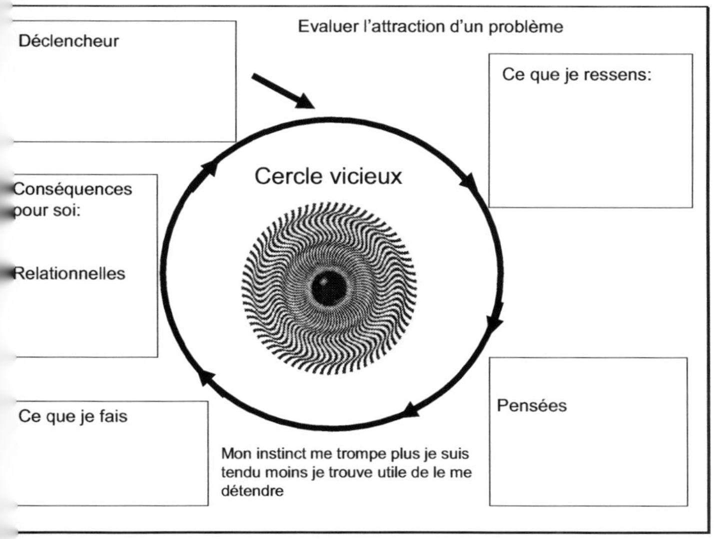

L'antidote ?

- La transse
- On traite le poison par le poison, le mal par le mal
- A la différence que la transe est volontaire et que ce n'est plus du pilote automatique.
- Le problème est donc la solution si il est volontaire.
- C'est juste la recette qui change

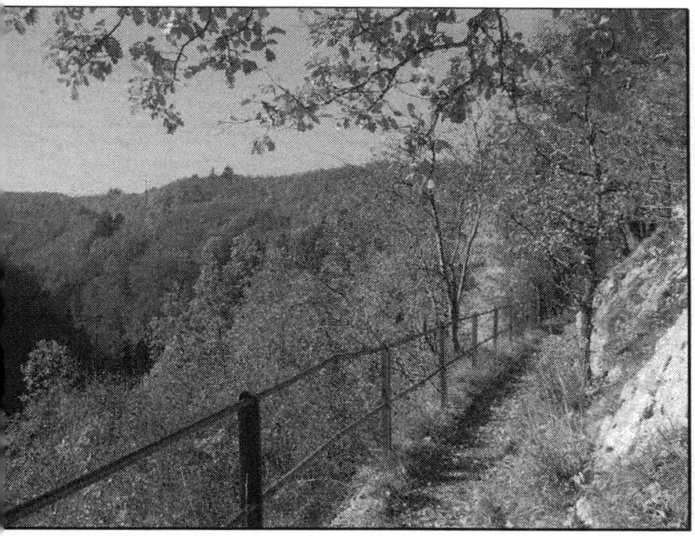

Objectif de l'utilisation de la transe

- Permettre au coaché de développer sa zone de confort.
- Permettre au coaché d'élargir sa zone de confort.
- Assouplir les scléroses.
- Détourner l'attention.
- Désagraver le problème, alléger…..
- Enlever la gravité d'un problème tant sur les trois plan Emotion – Pensée – Comportement.

Comment pour chacun de ses aspects.

- Comportements: le fait de prendre le temps avant d'agir, de ne pas se faire emporter par l'urgence.
- Pensées: évaluer calmement une pensée et son niveau de croyance.
- Emotions: équilibrer bien sur le niveau émotionnel.

Rupture de l'homéostasie

- Sortie de la zone de confort

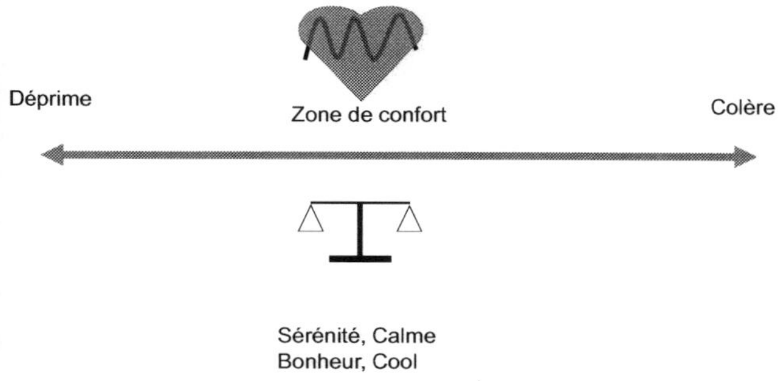

Applications Mobile

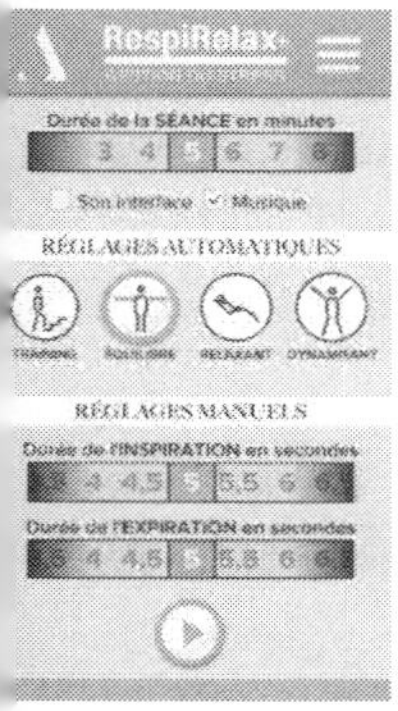

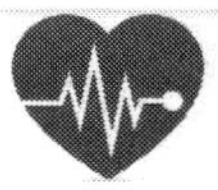

Runtastic – Heart – Rate
Et Instant Heart - Rate

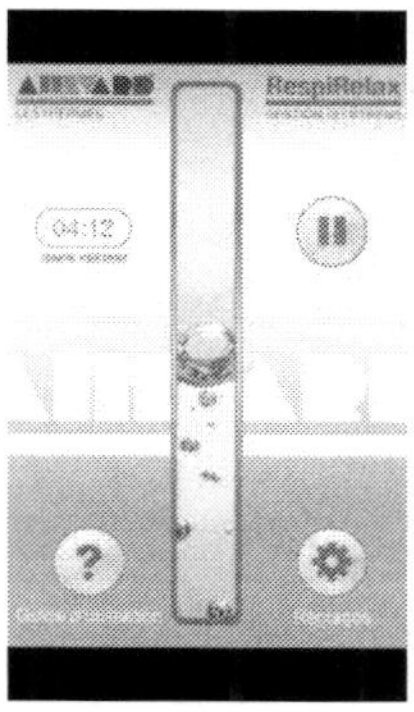

Focaliser l'attention

- Pour permettre à l'imagination de se mettre en route
- Focaliser sur une sensation
- Une douleur
- Un élément visuel
- Un son, une musique….
- Un Parfum…

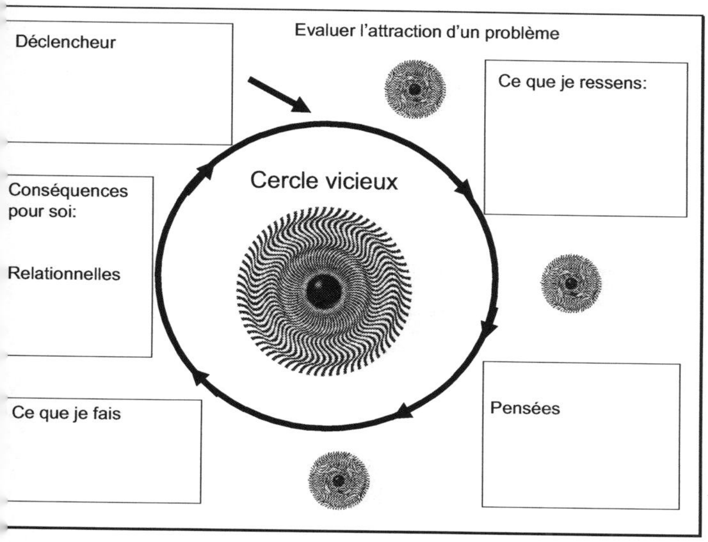

La Focalisation de l'attention

Outils simples

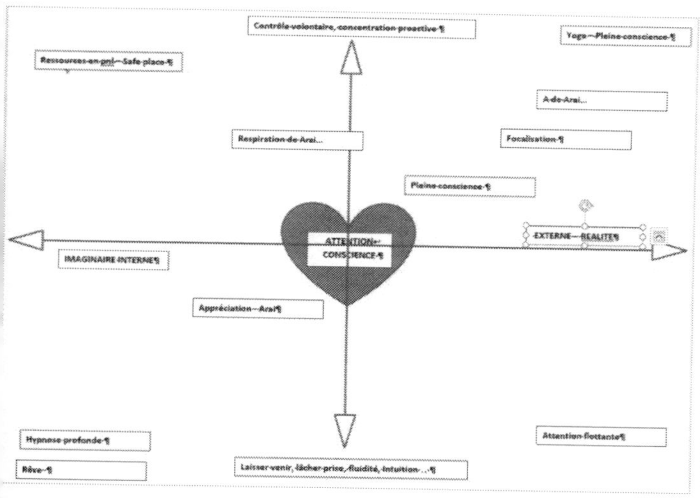

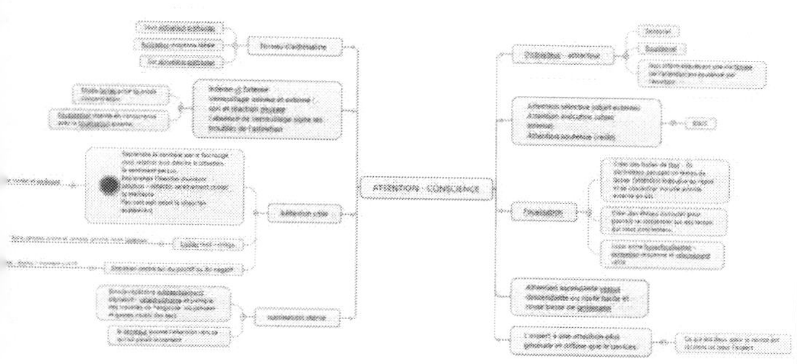

Simplement laisser aller…..

- Laisser votre attention se manifester, dans quelle direction elle vous conduit.
- Chaleur, vision, contact, douleur, etc…..

Test Respiratoire 1

- Exercice vagal
- Prendre de l'air
- Stop quelques secondes
- Relacher doucement
- Stop quelques secondes
- Reprendre un peu d'air
- Stop quelques secondes

Test respiratoire 2

- Vider doucement vos poumons
- Laisser entrer l'air doucement par le ventre.
- Puis remplissez le milieu des poumons
- Puis le haut des poumons
- Vider en commençant par le bas puis le haut.

Test respiratoire 3

- Respirer en suivant la boule 5/5
- Inspirer 5 secondes
- Expirer 5 secondes

Sensation physique

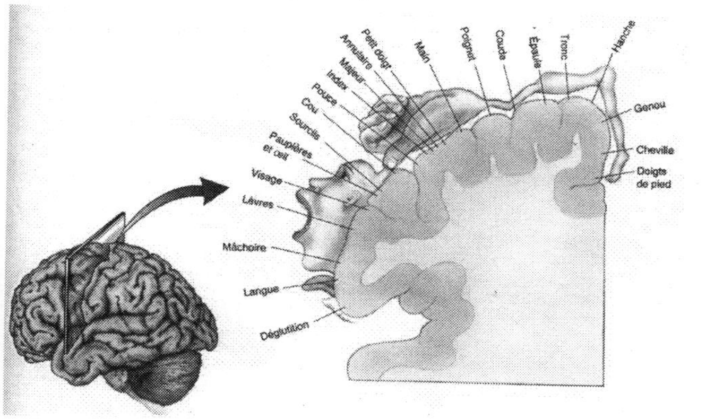

Test de lourdeur

- Asseyez vous simplement sur une chaise et poser vos main, paumes sur les cuisses.
- Concentré vous sur la zone de contact, plus cette surface s'élargit, plus vos mains sont lourdes.
- Exercice répétez une seconde fois.

Test de la sensation de chaleur

- Même position que l'exercice précédent
- Ressentir la chaleur
- Plus la chaleur est élevée plus votre relaxation augmente.

Test contraction décontraction

- Serrer le poing brusquement
- Le relâcher brusquement
- Observer comment il se détend
- Toujours tester main droite – main gauche

Test Visuel

- Observer le paysage et laisser vous obnubiler par l'image
- Fermer progressivement les yeux et promener vous dans cette forêt

Musique ou son

- Ecouter une musique en y concentrant votre attention, tout simplement laisser vous emmener par votre imagination.

Retrouver la musique

- Fermer les yeux et laisser revenir la musique est son balancement.
- Revivre l'expérience

Le contact corporel

- Simplement vous concentrer sur les contacts corporelle, là ou vous conduit simplement votre attention.

Prise de pouls

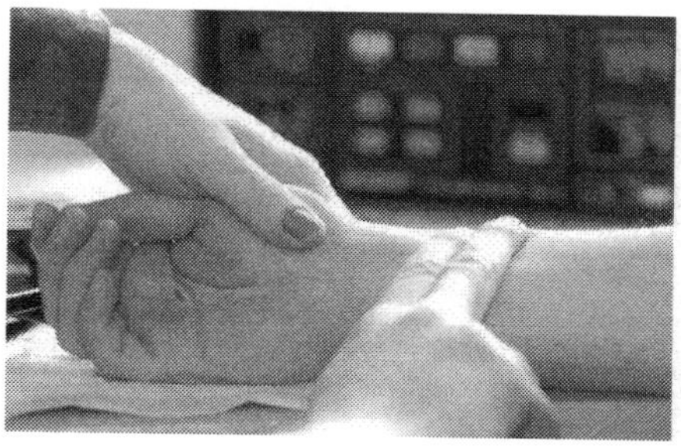

Fermer les yeux

- Laisser simplement votre attention sur votre battement cardiaque dans l'ensemble de votre corps. Chercher à trouver un lieu ou vous sentez ce battement.

A la découverte des parfums

- Centrer votre attention sur ce parfum et simplement en fermant les yeux laisser la focalisation se mouvoir en imagination.

Méthodes partie 3

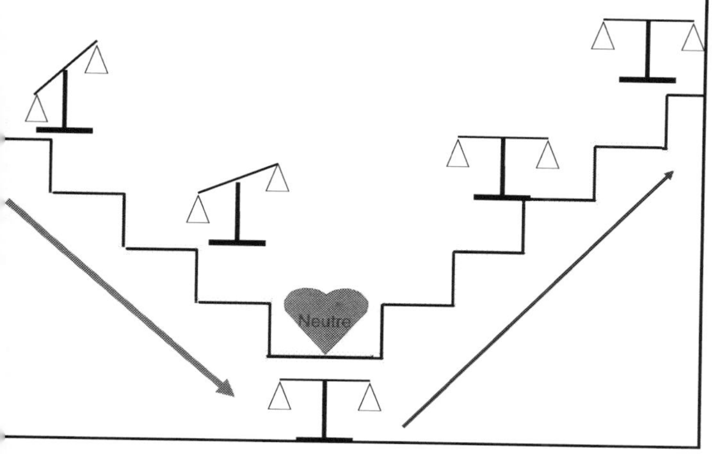

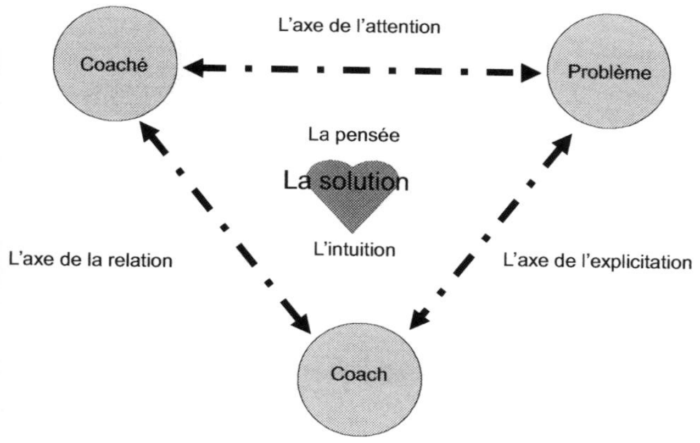

Méthodes de relaxation

- La cohérence cardiaque
- Exercice ARAI Fil rouge
- Réflexe vagal intégré
- Exercice ARAI
- Trois minutes de respiration normal
- Trois minutes pour faire face
- Bodyscan
- Mouvement en pleine conscience
- Marche en pleine conscience

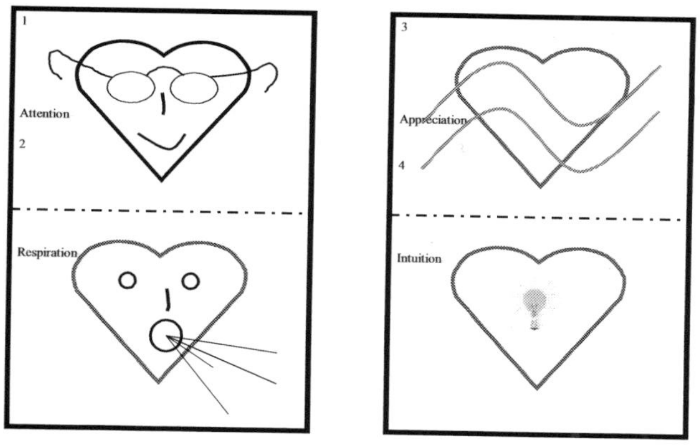

La cohérence cardiaque

- Attention
- Respiration
- Appréciation
- Intuition

ARAI

Exercice ARAI

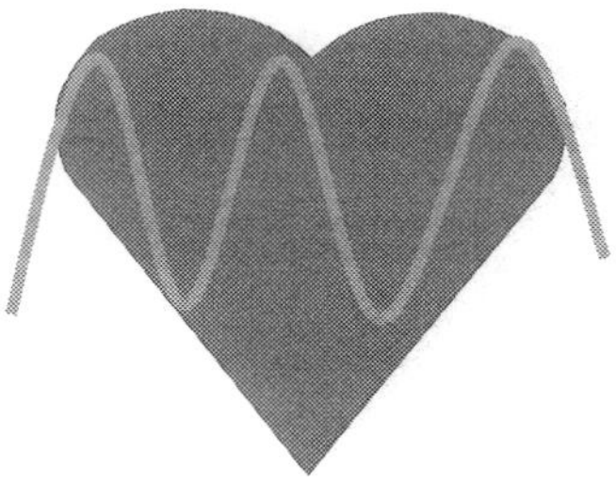

Attention

Respiration

Appréciation

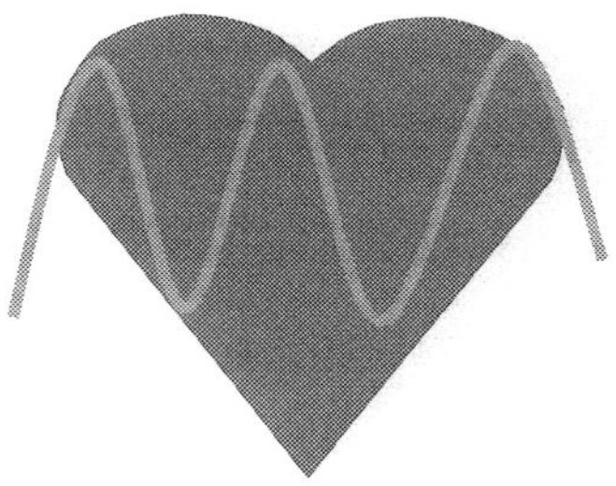

Intuition

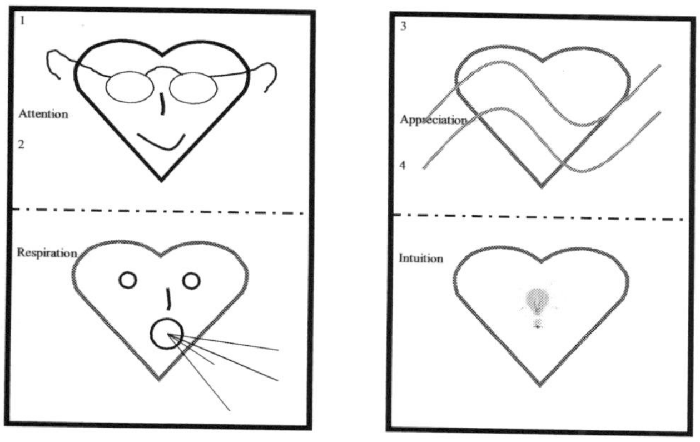

Méthodes liée à l’attention

- Pleine conscience
- Marche et mouvement en plein conscience
- Prendre un repas en pleine conscience
- Exercice du raisin

Hypnose classique

- Induction
- Focalisation
- Transe hypnotique
- Ensuite métaphorisation
- Dissociation
- Ancrage
- Voir technique PNL

Méthode basée sur l'hypnose

- Sophrologie
- Programmation neuro-linguistique Pnl
- Utilisation des métaphores et des contes
- La publicité et la télévision

Attention

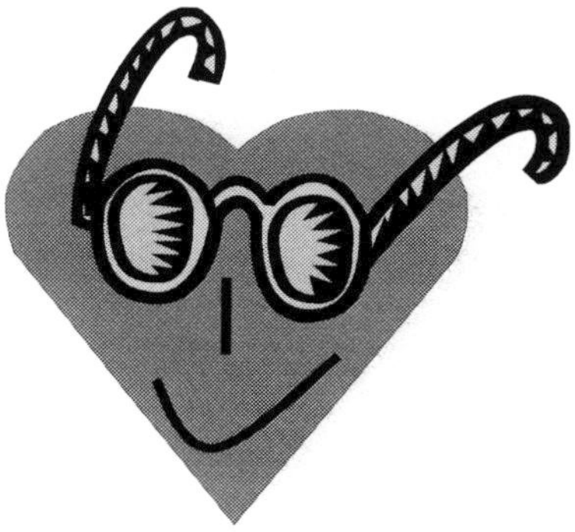

Hypnose classique

- Pendule
- Pièce de monnaie
- Lampe tournoyante
- Mobile
- Musique
- Berceuse etc…

Mindfulness

- présentation
- Mouvement de pleine conscience ou Mindfulness. Mbct (exercice du raisin sec et exercice de méditation du body-scan
- Exercice du body scan

Créer des bulles d'attention

- Créer des bulles de flow - En permettant pendant un temps de laisser l'attention exécutive au repos et se concentrer sur une activité externe en soi
- Créer des étapes distinctes pour pouvoir se concentrer sur des temps qui nous conviennent.
- Jouer entre hyperfocalisation - centration moyenne et relachement veille

Respiration

Méthode liée à la respiration

- Bodyscan
- La petite pause
- Crise de calme
- Manœuvre vagale
- Gel de l'émotion
- Exercice Neutral
- Apparition de l'imaginaire

Hypnose classique

- Technique de la balance
- Technique de l'ancrage
- Technique de désensibilisation
- Utilisation des contes et des métaphores
- Expir – Inspir en Shiatsu
- Souffler dans une douleurs
- Yoga

Calmer l'émotion pour pourvoir

- Prendre une décision
- Garder la tête froide

Appréciation

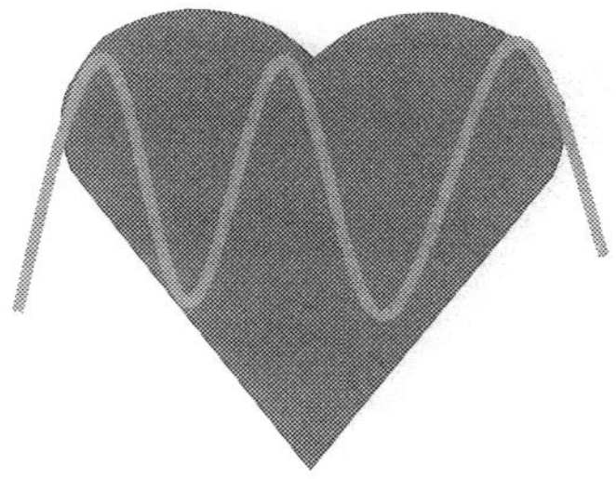

Méthodes basée sur l'appréciation

- Sélectionner les choses que vous pourriez apprécier dans votre vie (marcher, regarder, vivre etc….)
- Exercice d'appréciation
- Les roses et les baobabs
- Exercice des trois reconnaissances
- La méditation affective
- La safe-place, Zone de confort, Zone de sécurité

Intuition

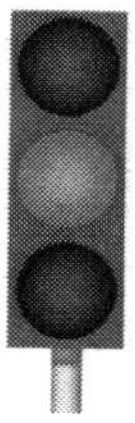

Méthodes construite sur l'intuition

- L'exercice Arai
- La cohérence cardiaque
- La méditation affective et intuition
- La question à un ami
- Le corps sujet
- L'appel au thérapeute intérieur
- L'écoute de la voix intérieur
- La prophétie

Feu Rouge

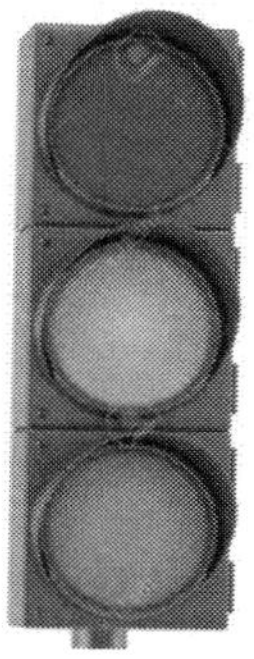

- Reprendre le contrôle de l'attention par le feu rouge – Stop – Respirer – Décrire la situation.
- Feu orange explorer les options sereinement et faire un choix
- Feu vert agir le choix

Centrer l'attention sur le positif

- Utiliser des inputs positifs et favoriser l'attention sur le verre à moitié plein.
- Rêve – Espoir – Moment positif de son existence ou de son parcours.
- Utiliser des smiley ou des représentation graphiques – les nommer et les exprimer verbalement de manière à augmenter la congruence mentale de la personne.

Application en coaching

- Vérifier la demande
- Test de stress
- Test des techniques de relaxation
- Mise en place d'un programme
- Une rencontre par semaine simplement pour suivre les exercices et la tenue d'un cahier de notes.
- 5-6 semaines de suivi.

Application en coaching

- Problèmes émotionnels Arai
- Problèmes au niveaux des pensées utilisé les techniques de la pleine conscience.

Consignes

- Réaliser avec la personne une synchronie du problème.
- Ensuite chercher quel est l'aspect touché, comportement, pensée ou émotion.
- Choisir un exercice type
- L'organisé dans la semaine prochaine.

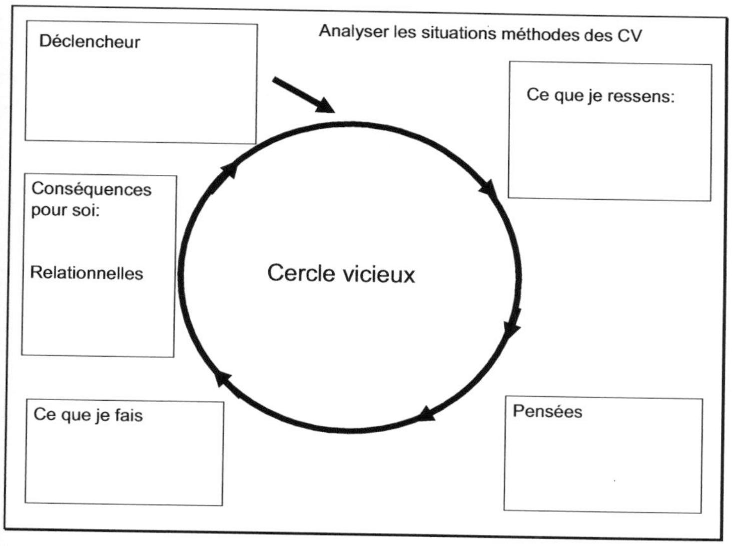

Construire le cours sur l'exercice Arai

- Attention - Hypnose
- Respiration – Relaxation et Pleine conscience
- Appréciation – Cohérence cardiaque
- Intuition – Exercice, Intuition et solution.
- Pour les enfants et les ados spécifiques.
- Mettre en place un programme de relaxation

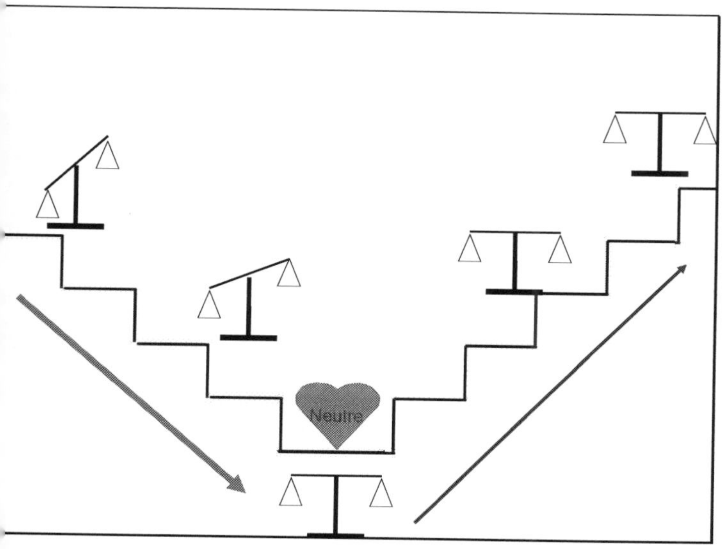

Bilan	L'objectif	Moyens Ressources	Obstacles Sabotages
Description du stress Type A ou C	Qui, Quoi, ou, comment, combien,	Pourquoi Comment	

Projet de transfert de l'atelier pour la semaine prochaine

Apprentissage, découverte et prise de conscience de la séance.	Quel changement ou apprentissage désirez vous obtenir, c'est-à-dire l'objectif. Résumé par une phrase clef.	Comment : Moyens – Ressources – Organisation – Forces – Avantages – Réseau – Temps.	Obstacles : - Résistance – Faiblesse – Inconvénient – Temps

Planning : Agenda							
Activité ou projet prévu.							

L'exercice du raisin sec (Version standard - Traduit et adapté de Segal, Williams, & Teasdale, 2002) in Groupe MBCT - HUG

Je vais faire le tour de la classe et je vais donner à chacun quelques « objets ».
Maintenant, ce que j'aimerais que vous fassiez, c'est de vous focaliser sur l'un de ces objets et d'imaginer simplement que vous n'avez jamais rien vu de pareil auparavant.
Imaginez que vous descendez de Mars à l'instant et que vous n'avez jamais rien vu de tel de toute votre vie.
Note : Il y a au moins 10 secondes de pause entre les phrases, et les instructions sont données de manière neutre (terre-à-terre), à une cadence lente mais délibérée, en demandant à la classe de faire les choses suivantes :
Prenez un de ces objets et tenez-le dans la paume de la main ou entre l'index et le pouce. (Pause)
Prenez soin de le regarder. (Pause)
Regardez-le soigneusement, comme si vous n'aviez jamais rien vu de tel auparavant. (Pause)
Tournez-le entre les doigts. (Pause)
Explorez sa texture entre les doigts. (Pause)
Examinez les reliefs où la lumière brille … les coins et les plis plus sombres. (Pause)
Laissez vos yeux explorer chacune de ses parties, comme si vous n'aviez jamais vu une telle chose auparavant. (Pause)
Et si, en faisant cela, des pensées vous viennent à l'esprit, telles que « c'est vraiment étrange ce que nous sommes en train de faire » ou « quel est le but de ceci » ou « je n'aime pas ces choses », alors, notez les simplement comme des pensées et ramenez votre conscience vers l'objet. (Pause)
Et maintenant, sentez l'objet, prenez-le et portez-le à votre nez, et à chaque inspiration, notez soigneusement son odeur. (Pause)
Et maintenant, regardez-le à nouveau. (Pause)
Et maintenant, amenez lentement l'objet à la bouche, en remarquant peut-être comment votre main et votre bras savent exactement où aller, en remarquant peut-être que votre bouche salive alors que l'objet s'approche. (Pause)
Et maintenant, mettez doucement l'objet dans la bouche, et remarquez de quelle manière il est « accueilli », sans le mordre, en explorant simplement les sensations de l'avoir dans la bouche. (Pause)
Et lorsque vous serez prêts, mordez très consciemment dedans et notez le goût qu'il libère. (Pause)
Mâchez-le lentement, … remarquez la salive dans la bouche, … Le changement de consistance de l'objet. (Pause)
Ensuite, lorsque vous vous sentez prêt à avaler, regardez si vous pouvez d'abord détecter l'intention d'avaler au fur et à mesure qu'elle se forme, de telle sorte que vous expérimentiez ceci consciemment avant même de réellement avaler l'objet. (Pause)
Pour terminer, examinez si vous pouvez suivre les sensations quand l'objet est avalé et descend dans votre estomac, tout en réalisant également que votre estomac contient un raisin de plus.

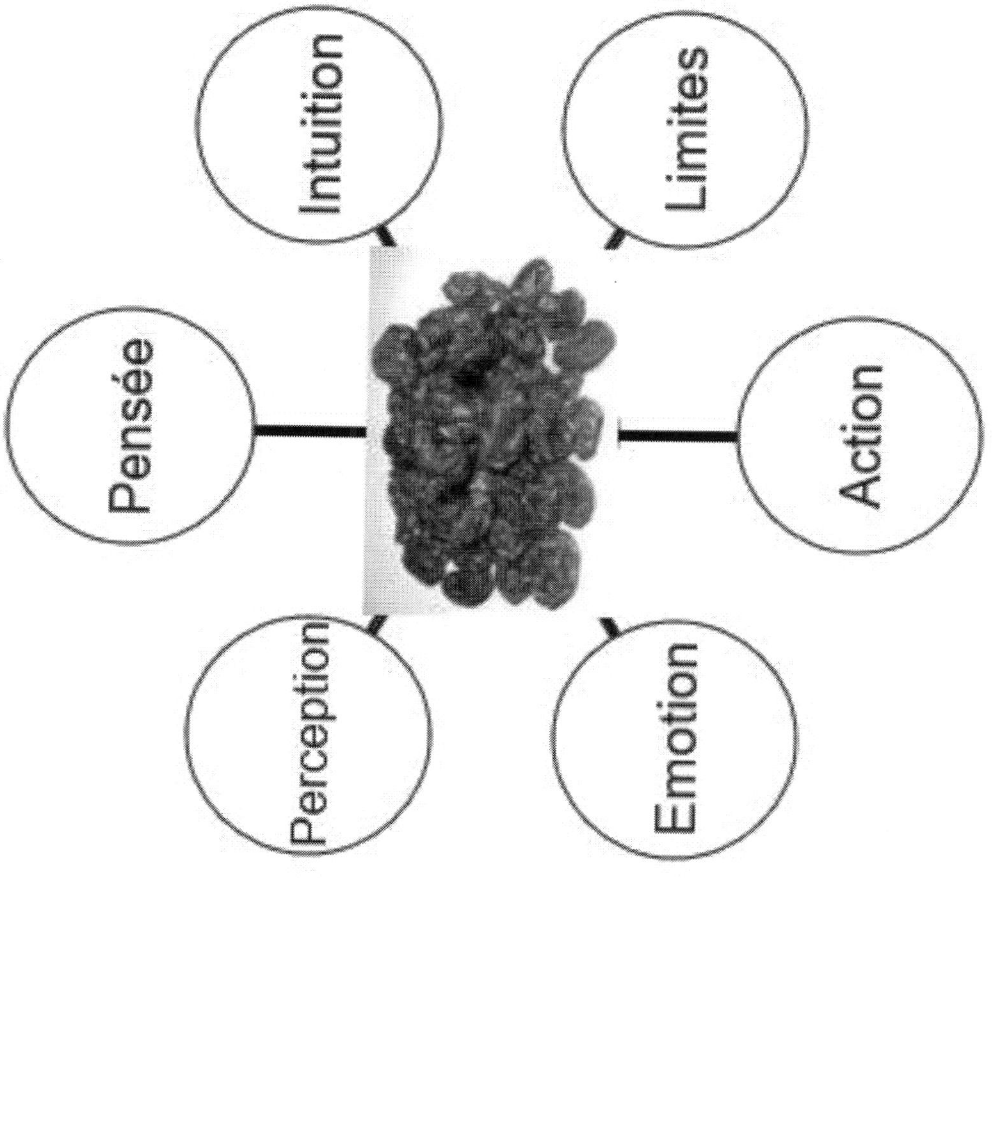
Pensée
Intuition
Limites
Action
Emotion
Perception

Echelle brève d'évaluation des stresseurs						
Nom, prénom, date						
	Pas du tout[1]	Faible-ment	Un peu	Assez	Beaucoup	Extrê-mement
Note	**1**	**2**	**3**	**4**	**5**	**6**
1. Ai-je subi, tout au cours de ma vie, des situations traumatique (décès , perte d'emploi, déception amoureuse, etc.) ?						
2. Suis-je en train de vivre une situation traumatique (décès, perte d'emploi, déception amoureuse, etc.) ?						
3. Est-ce que je subis une surcharge de travail fréquente ou permanente ? - Et/ou suis-je souvent pris dans l'urgence et/ou existe-t-il une ambiance très compététitive dans mon emploi ?						
4. Mon travail ne me convient pas, il ne correspond pas à ce que je souhaiterais faire ou est source d'insatisfaction, me donne l'impression de perdre mon temps. Au maximum, il me déprime.						
5. Ai-je des soucis familiaux importants (couple, enfants, parents, etc.) ? Est-ce que ma famille est plus un poids qu'un réconfort ?						
6. Suis-je endetté, ai-je un revenu trop faible par rapport à mon mode de vie, est-ce que cela me cause du souci ?						
7. Ai-je beaucoup d'activités extraprofessionnelles, et sont-elles source de fatigue ou de tensions (associations, sports, etc.) ?						
8. Ai-je une maladie ? Coter sa gravité ou l'importance de la gêne occasionnée.						
Total par colonne						
Total général						

1. Faire une croix dans la case vous correspondant.

Echelle brève d'évaluation du stress						
Date						
	Pas du tout[1]	Faible-ment	Un peu	Assez	Beaucoup	Extrême-ment
Note	1	2	3	4	5	6
1. Suis-je émotif, sensible aux remarques, aux critiques d'autri ?						
2. Suis-je colérique ou rapidement irritable ?						
3. Suise-je perfectionniste, ai-je tendance à ne pas être safisfait de ce que j'ai fait ou de ce que les autres ont fait ?						
4. Ai-je le cœur qui bat vite, une transpiration élevée, des tremblements, des secousses musculaires, par exemple au niveau du visage, des paupières ?						
5. Est-ce que je me sens tendu au niveau des muscles, ai-je une sensation de crispation au niveau des mâchoires, du visage, du corps en général ?						
6. Ai-je des problèmes de sommeil ?						
7. Suis-je anxieux, est-ce que je me fais souvent du souci ?						
8. Ai-je des manifestations corporelles comme des troubles digestifs, des douleurs, des maux de tête, des allergies, de l'eczéma ?						
9. Est-ce que je suis fatigué ?						
10. Ai-je des problèmes de santé plus importants comme un ulcère à l'estomac, une maladie de peau, un taux élevé de cholestérol, de l'hypertension artérielle, un trouble cardiovasculaire ?						
11. Est-ce que je fume ou bois de l'alcool pour me stimuler ou me calmer ? Est-ce que j'utilise d'autres produits ou des médicaments dans ce but ?						
Total par colonne						
Total général						

1. Faire une croix dans la case vous correspondant.

Test Cungi 1997 d'évaluation du stress

Échelle des stresseurs

Très bas	8/14
Bas	14/18
Élevé	18/28
Très élevé	+ 28

Évaluation du stress

Très bas	11/19
Bas	19/30
Élevé	30/45
Très élevé	+ 45

Voir complément sur espace E-learning

Méditation du body scan (récit standard)

1. Couchez-vous, installez-vous confortablement, allongé sur le dos sur un tapis ou sur un matelas, dans un endroit chaleureux et calme. Laissez vos yeux se fermer doucement.

2. Prenez un moment pour être en contact avec le mouvement de la respiration avec les sensations que vous sentez dans le corps. Quand vous êtes prêt, prenez conscience des sensations physiques dans le corps, particulièrement les sensations de contact et de pression, les points où votre corps entre en contact avec le plancher ou le lit. A chaque expiration, laissez-vous vous enfoncer plus profondément dans le tapis ou le lit.

3. Rappelez-vous l'objectif de cet exercice. Son but n'est pas de se sentir différent, détendu ou calme; ceci peut se produire ou pas. L'intention est plutôt de prendre conscience le mieux que vous pouvez de toutes les sensations que vous détectez, quand vous concentrez votre attention sur chaque partie du corps tour à tour.

4. Maintenant, prenez conscience des sensations physiques dans le bas de l'abdomen, en vous rendant compte des différences de sensations dans la paroi abdominale quand vous inspirez et quand vous expirez. Prenez quelques minutes pour sentir les sensations quand vous inspirez et quand vous expirez.

5. Après avoir pris contact avec les sensations de l'abdomen, pointez le "projecteur" de votre conscience en bas de la jambe gauche, dans le pied gauche, jusqu'aux orteils du pied gauche. Concentrez-vous tour à tour sur chacun des orteils du pied en étudiant avec une curiosité bienveillante la qualité des sensations que vous ressentez, peut-être en notant la sensation de contact entre les orteils, la sensation de picotement, la chaleur ou aucune sensation particulière.

6. Quand vous êtes prêt, lors d'une inspiration, sentez ou imaginez le souffle entrer dans les poumons, et puis descendre vers le bas de l'abdomen, dans la jambe gauche, le pied gauche, et jusqu'aux orteils du pied gauche. Puis, lors de l'expiration, sentez ou imaginez le souffle faisant le chemin en sens inverse, passant par la plante du pied, dans la jambe, vers par le haut de l'abdomen, la poitrine et le nez. Du mieux que vous pouvez, répétez cet exercice pendant quelques respirations, en respirant vers le bas dans les orteils. Il peut être difficile de comprendre cette pratique ; pratiquez simplement cette « respiration intérieure » du mieux que vous pouvez, comme un jeu.

7. Maintenant, quand vous êtes prêt, lors d'une expiration, laissez aller la conscience hors de vos orteils, et prenez conscience des sensations dans le bas de votre pied gauche –portez votre conscience avec bienveillance et persistance sur la plante du pied, le cou-de-pied, le talon (par exemple en notant les sensations éprouvées aux points de contact du talon avec le tapis ou le lit). Expérimentez les sensations en les accompagnant de votre respiration- en étant conscient de votre souffle à l' arrière-plan, alors qu'à l'avant-plan, vous explorez les sensations du bas du pied.

8. Laissez maintenant la conscience se déployer dans le reste du pied, vers la cheville, le dessus du pied, et entrez dans les os et les articulations. Puis, prenez une respiration un peu plus profonde, dirigez-la vers le bas dans tout le pied gauche, et, lors de l'expiration, laissez aller le pied gauche complètement, alors que la conscience se déplace dans le bas de la jambe gauche, le mollet, le tibia, le genou, et ainsi de suite, tour à tour.

9. Continuez à centrer votre conscience, avec une bienveillante curiosité, aux sensations physiques de chaque partie du reste du corps tour à tour –haut de la jambe gauche, orteils du pied droit, pied droit, jambe droite, bassin, dos, abdomen, poitrine, doigts, mains, bras, épaules, cou, tête, et visage. Dans chaque partie, du mieux que vous pouvez, ayez le même niveau détaillé de conscience et de curiosité aux sensations corporelles présentes. Quand vous quittez une région corporelle, « inspirez à l'intérieur » de cette région et quittez cette région sur l'expiration.

10. Quand vous prenez conscience d'une tension ou d'autres sensations dans une partie particulière du corps, vous pouvez "respirer à l'intérieur" de ces sensations lors d'une inspiration, en focalisant votre conscience au coeur des sensations. Ensuite, du mieux que vous pouvez, relâchez et laissez aller ces sensations lors de l'expiration.

11. Votre esprit va inévitablement s'éloigner de la respiration et du corps de temps en temps. C'est tout à fait normal. C'est comme ça que fonctionne l'esprit. Quand vous le remarquez, reconnaissez-le avec magnanimité, en notant où votre esprit est parti, et puis ramenez doucement votre attention à la partie du corps sur laquelle vous aviez l'intention de vous focaliser.

12. Après avoir exploré le corps entier de cette façon, pendant quelques minutes et en pleine conscience, sentez le corps comme un tout, et le souffle fluide qui entre et sort librement.

13. Si vous sentez que vous vous endormez, vous pouvez glisser un oreiller sous la tête,

ouvrir les yeux, ou faire l'exercice assis plutôt que couché.

Espace de respiration

-

La première chose que nous faisons dans cette exercice, est de prendre une posture détendue, digne et droite, mais pas raide, qui laisse notre corps en éveil, exprimant le fait d'être présent à l'expérience qui se déploie.
Maintenant, en fermant vos yeux, et si c'est confortable pour vous, la première étape consiste à être conscient, vraiment conscient de ce qui se passe en vous maintenant. Devenez conscient de ce qui passe dans votre esprit; quelles pensées vous traversent? Ici encore, du mieux que vous pouvez, observez seulement les pensées en tant qu'événements mentaux. Notez donc simplement les pensées ; notez également les sentiments qui sont actuellement présents dans votre esprit, en particulier ceux qui sont désagréables ou qui engendrent du malaise.
Ainsi, plutôt que de les éloigner ou de les maintenir dehors, essayez de les identifier, peut-être en vous disant; "Ah, vous êtes là, c'est comme ça maintenant". Et de même avec les sensations corporelles. Y a-t-il des sensations de tension ou d'oppression, ou quoi que ce soit d'autre? Et de nouveau, prenez conscience d'elles, en les notant simplement. "ça va, c'est comme ça en ce moment".
Ainsi nous avons une bonne idée de ce qui se passe maintenant. Nous nous sommes dégagés du pilote automatique.

La deuxième étape consiste à rassembler notre conscience en se concentrant sur un objet simple: les mouvements respiratoires. L'attention se focalise vers le bas, vers les mouvements de l'abdomen, vers l'inspiration et l'expiration pendant environ une minute, en focalisant sur le mouvement de l'abdomen moment après moment, respiration après respiration, du mieux que vous pouvez.
De sorte que vous identifiez les moments d'entrée de l'air, et les moments de sortie de l'air. Fixez simplement votre attention sur ces mouvements présents en vous, servez-vous de la respiration comme un point d'ancrage pour être vraiment présent. Et maintenant comme troisième étape, après s'être quelque peu concentrés sur nous-même, nous permettons à notre conscience de s'étendre. De la même manière que nous sommes attentif à notre respiration, nous incluons également la perception du corps dans son ensemble.
Ainsi nous obtenons cette conscience plus étendue. Un sentiment du corps comme un tout, y compris la moindre tension ou sensation liée au maintien des épaules, du cou, du dos, ou du visage pendant la respiration, comme si votre corps entier respirait. Maintenez toutes ces sensations dans une conscience plus étendue.
Quand vous êtes prêt, permettez à vos yeux de s'ouvrir.

Marche en pleine conscience

Trouvez un endroit où vous pouvez aller et venir à votre guise, sans crainte d'être observé. Cela peut être à l'intérieur ou à l'extérieur.

Tenez-vous au point de départ de votre parcours, vos pieds parallèles et distants de 10 à 15 centimètres, vos genoux détendus, de sorte qu'ils puissent doucement se fléchir. Laissez vos bras pendre le long de votre corps, ou tenez vos mains, de manière nonchalante, devant vous.

Dirigez doucement votre regard, droit devant vous.

Portez votre attention sur la plante de vos pieds, recueillez ainsi des sensations physiques sur le contact des pieds avec le sol et le poids de votre corps. Ces sensations sont transmises par vos jambes et pieds au sol. Vous pouvez trouver utile de fléchir légèrement vos genoux plusieurs fois, afin d'obtenir une perception plus claire des sensations présentes dans vos pieds et jambes.

Quand vous êtes prêt, transférez le poids du corps à la jambe droite.

Notez le caractère changeant des sensations physiques dans les jambes et les pieds: la jambe gauche se "vide" et la droite reprend à son compte le soutien de tout le corps.

Laissez le talon de la jambe gauche "vide" se lever lentement du sol, notez les sensations dans les muscles fléchisseurs. Continuez, en permettant à la totalité du pied gauche de se soulever doucement jusqu'à ce que seuls, les orteils soient en contact avec le sol.

Tout en étant attentif aux sensations physiques dans les pieds et les jambes, soulevez lentement le pied gauche devant vous, sentez le pied et la jambe qui se déplacent dans l'air. Replacez le talon sur le plancher. Permettez au reste de la plante du pied gauche de reprendre contact avec le sol tout en y transférant le poids du corps. Soyez attentif aux sensations physiques croissantes dans la jambe et le pied gauche, au soulagement de la jambe droite et au détachement du talon droit du sol.

Avec le poids entièrement transféré à la jambe gauche, laissez le reste du pied droit se lever. Déplacez-le lentement en avant, portez votre attention sur les changements de sensations physiques dans le pied et la jambe. Concentrez votre attention sur le talon droit quand il reprend contact avec le sol. Transférez le poids du corps au pied droit, en même temps qu'il reprend doucement place sur le sol. Soyez attentif aux changements de sensations physiques produits au niveau des jambes et des pieds.

De cette manière, déplacez-vous lentement d'une extrémité à l'autre de votre parcours. Soyez particulièrement attentif aux sensations générées dans les plantes des pieds et les talons quand ils reprennent contact avec le sol, et dans les muscles des jambes quand elles se balancent vers l'avant.

A la fin de votre parcours, tournez lentement, prenez soin d'apprécier la complexité des mouvements permettant au corps de changer de direction. Continuez à marcher. Allez et venez de cette manière, en étant attentif, du mieux que vous pouvez, aux sensations physiques dans les pieds et les jambes, et au contact des pieds avec le sol. Maintenez votre regard fixe, dirigé doucement vers l'avant. Quand vous notez que l'esprit est parti ailleurs, loin de la conscience des sensations liées à la marche, ramenez doucement le centre de l'attention vers les sensations dans les pieds et les jambes. Utilisez ces sensations, particulièrement celles des pieds au contact avec le sol, comme une ancre pour renouer avec le moment présent, juste comme vous le faisiez avec la respiration dans la méditation assise.

Continuez à marcher pendant 10 à 15 minutes, ou plus si vous le souhaitez. Au début, pour se donner plus de chances de se rendre compte pleinement des sensations liées à la marche, marchez à un rythme plus lent que d'habitude. Une fois que vous marchez avec l'attention voulue, vous pouvez expérimenter différentes vitesses: plus ou moins vite que votre vitesse habituelle. Si vous vous sentez particulièrement agité, il peut être utile de commencer à marcher rapidement, tout en étant attentif, et de ralentir naturellement quand vous vous calmez. Aussi souvent que vous le pouvez, apporter le même genre d'attention que vous développez dans la "marche en pleine conscience" à votre marche normale, de tous les jours.

ATTENTION vs CONSCIENCE 1

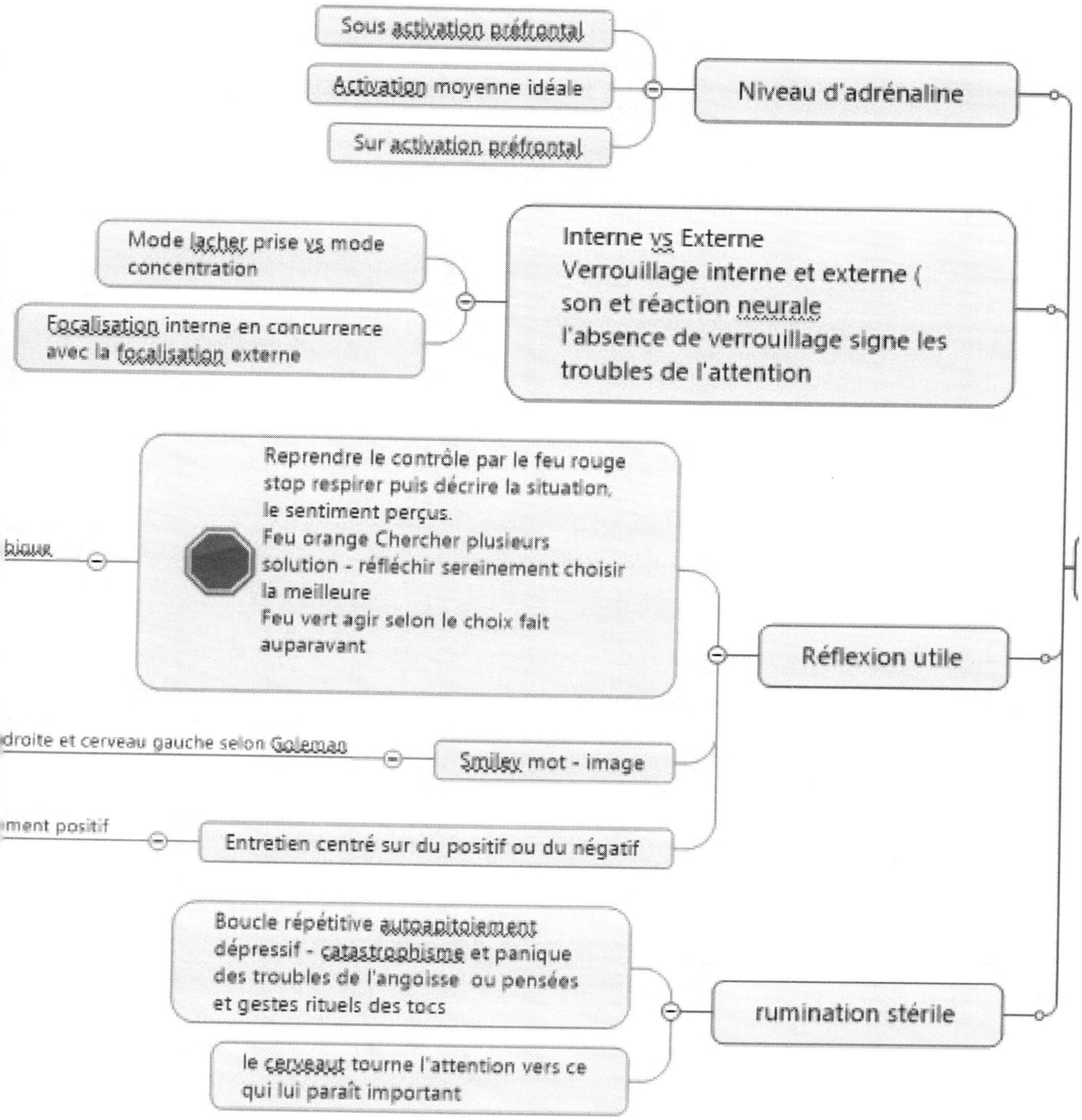

CONSCIENCE vs ATTENTION 2

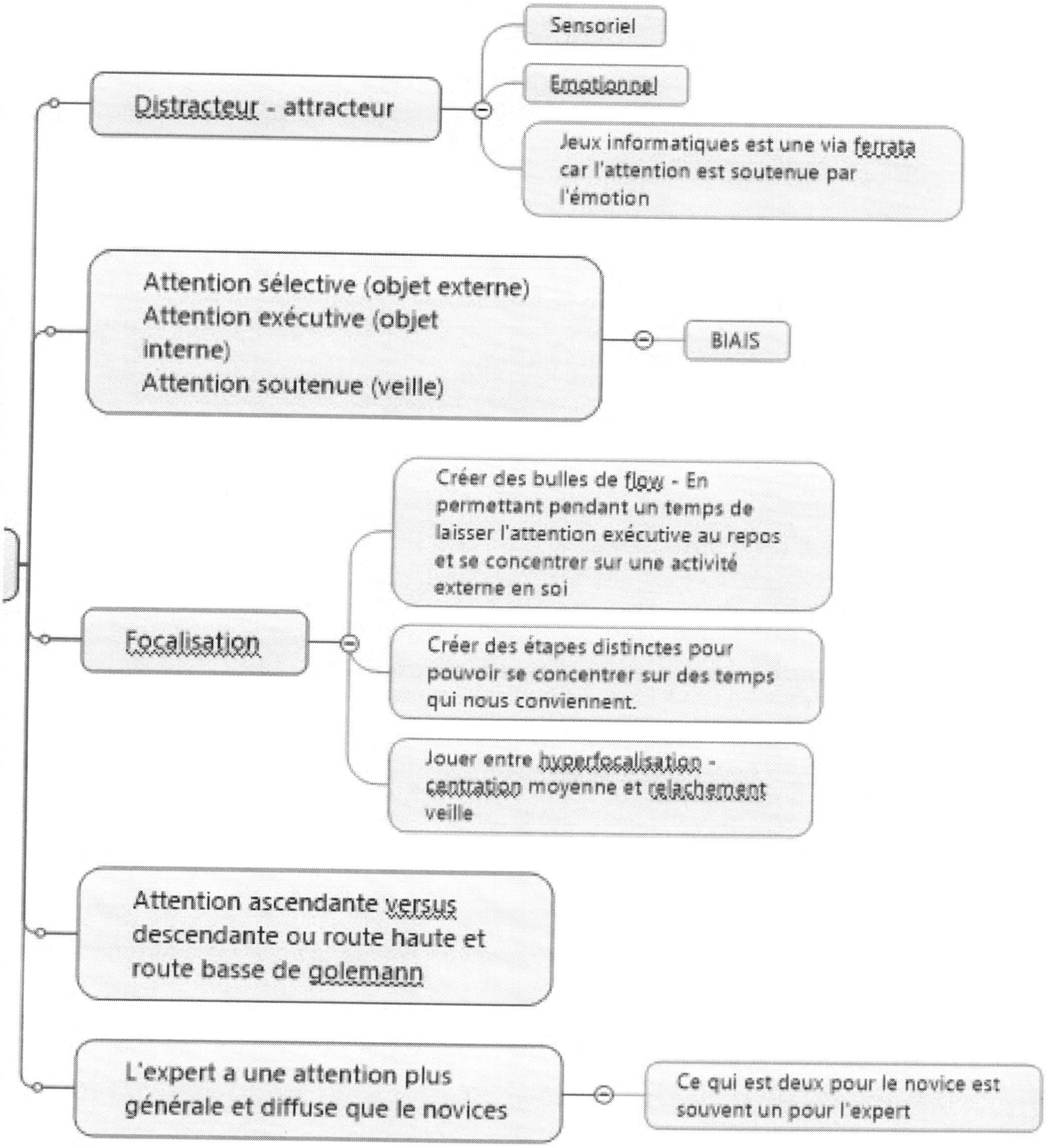

Distracteur - attracteur
Sensoriel
Emotionnel
Jeux informatiques est une via ferrata car l'attention est soutenue par l'émotion
Attention sélective (objet externe)
Attention exécutive (objet interne)
Attention soutenue (veille)
BIAIS
Focalisation
Créer des bulles de flow - En permettant pendant un temps de laisser l'attention exécutive au repos et se concentrer sur une activité externe en soi
Créer des étapes distinctes pour pouvoir se concentrer sur des temps qui nous conviennent.
Jouer entre hyperfocalisation - centration moyenne et relachement veille
Attention ascendante versus descendante ou route haute et route basse de golemann
L'expert a une attention plus générale et diffuse que le novices
Ce qui est deux pour le novice est souvent un pour l'expert

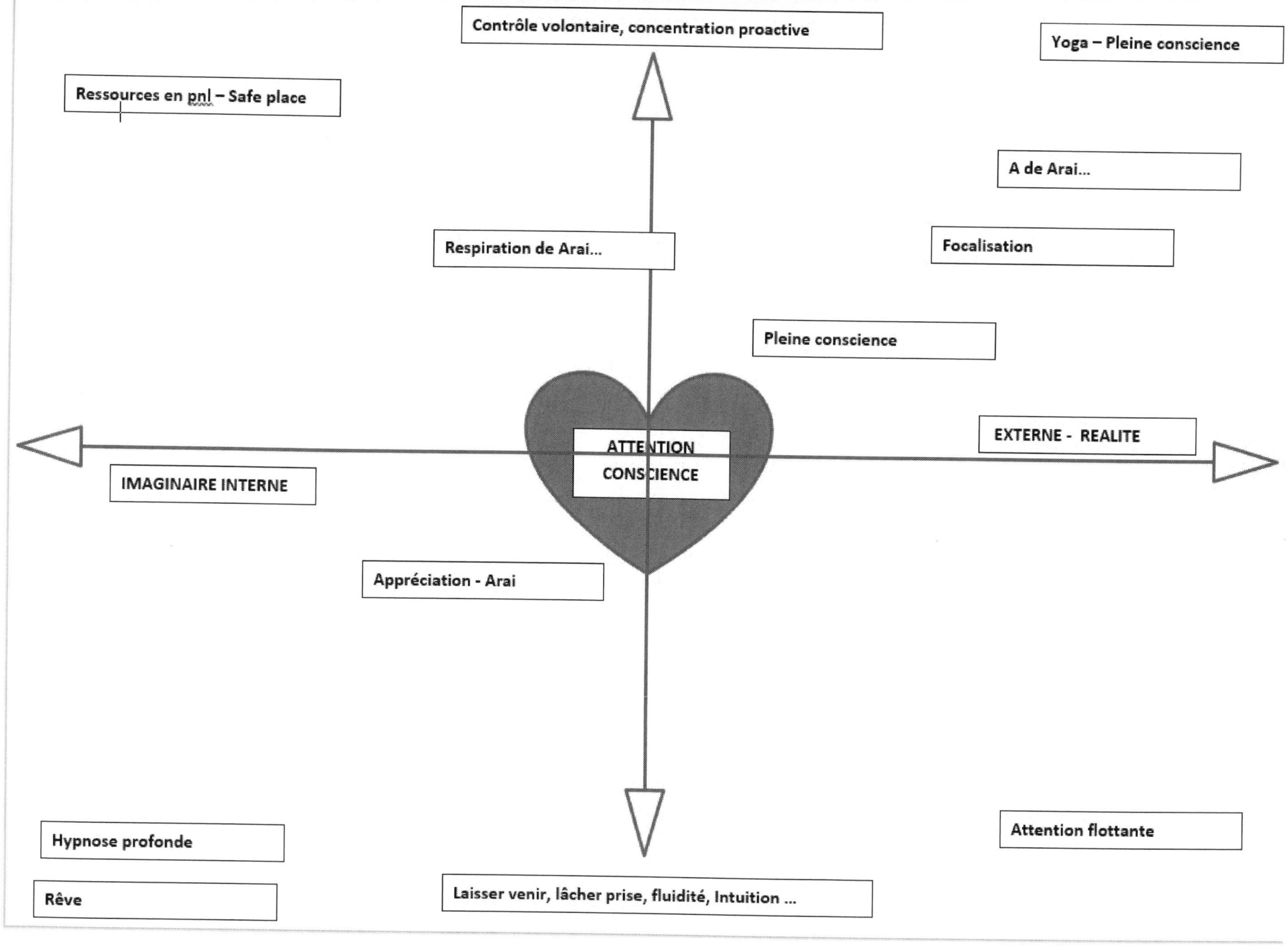
Contrôle volontaire, concentration proactive
Yoga – Pleine conscience
Ressources en pnl – Safe place
A de Arai...
Respiration de Arai...
Focalisation
Pleine conscience
ATTENTION
CONSCIENCE
EXTERNE - REALITE
IMAGINAIRE INTERNE
Appréciation - Arai
Hypnose profonde
Attention flottante
Rêve
Laisser venir, lâcher prise, fluidité, Intuition ...

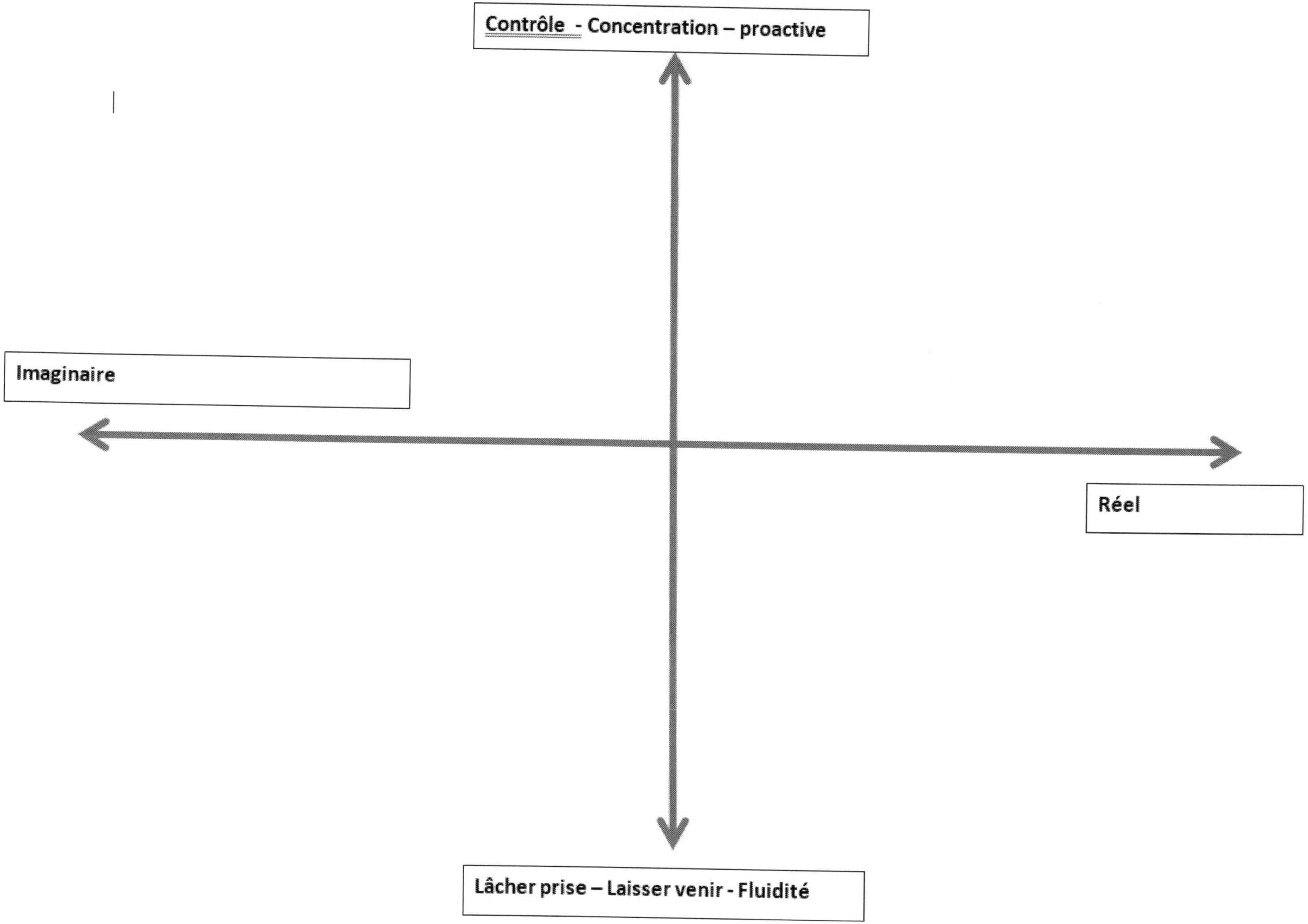
Contrôle - Concentration – proactive
Imaginaire
Réel
Lâcher prise – Laisser venir - Fluidité

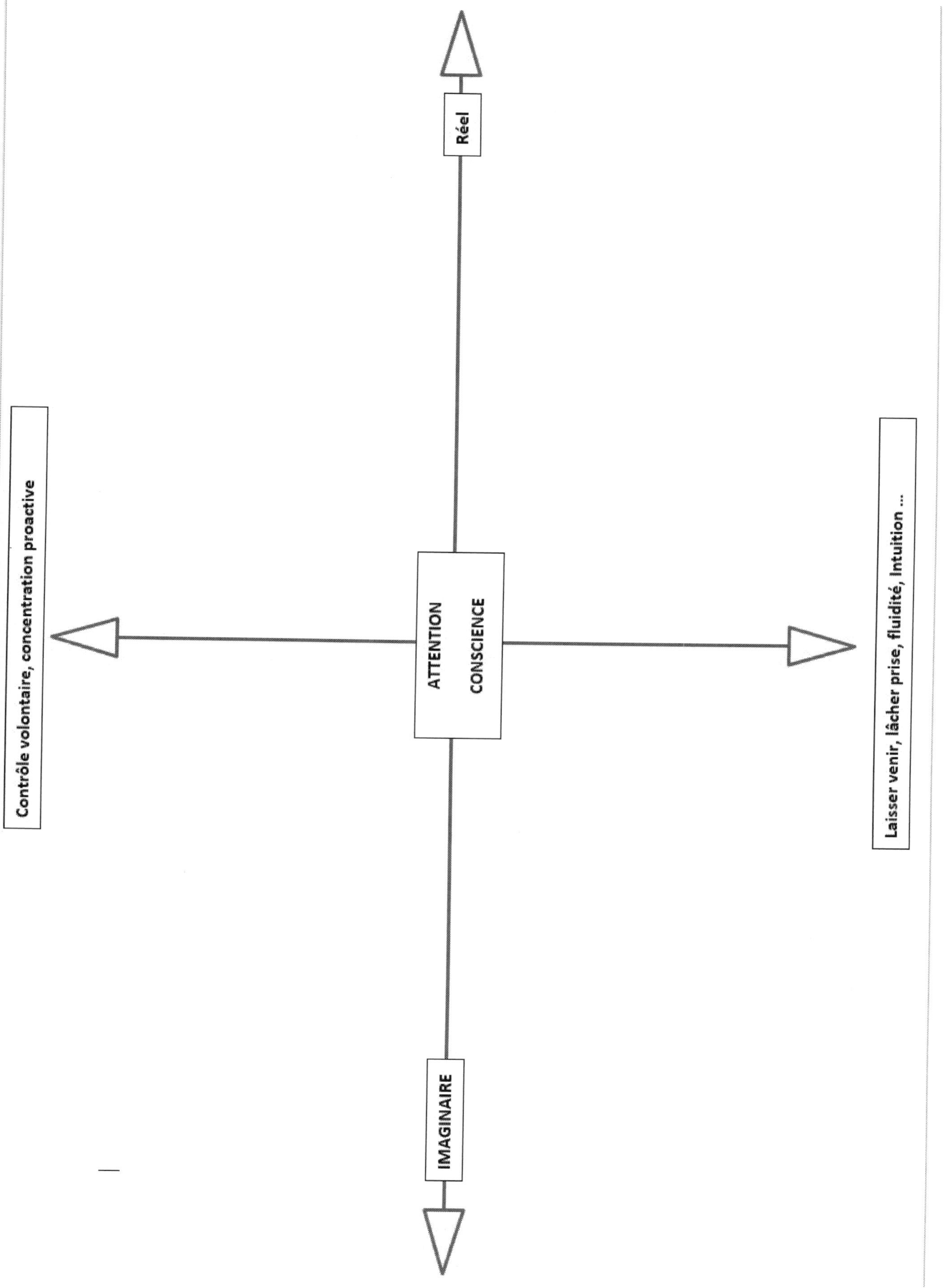
Réel
Contrôle volontaire, concentration proactive
ATTENTION
CONSCIENCE
Laisser venir, lâcher prise, fluidité, Intuition ...
IMAGINAIRE

Perception	Communication	Socialisation
Être	Penser	Agir
Emotion	Intuition	Motivation

Evaluer l'attraction d'un problème

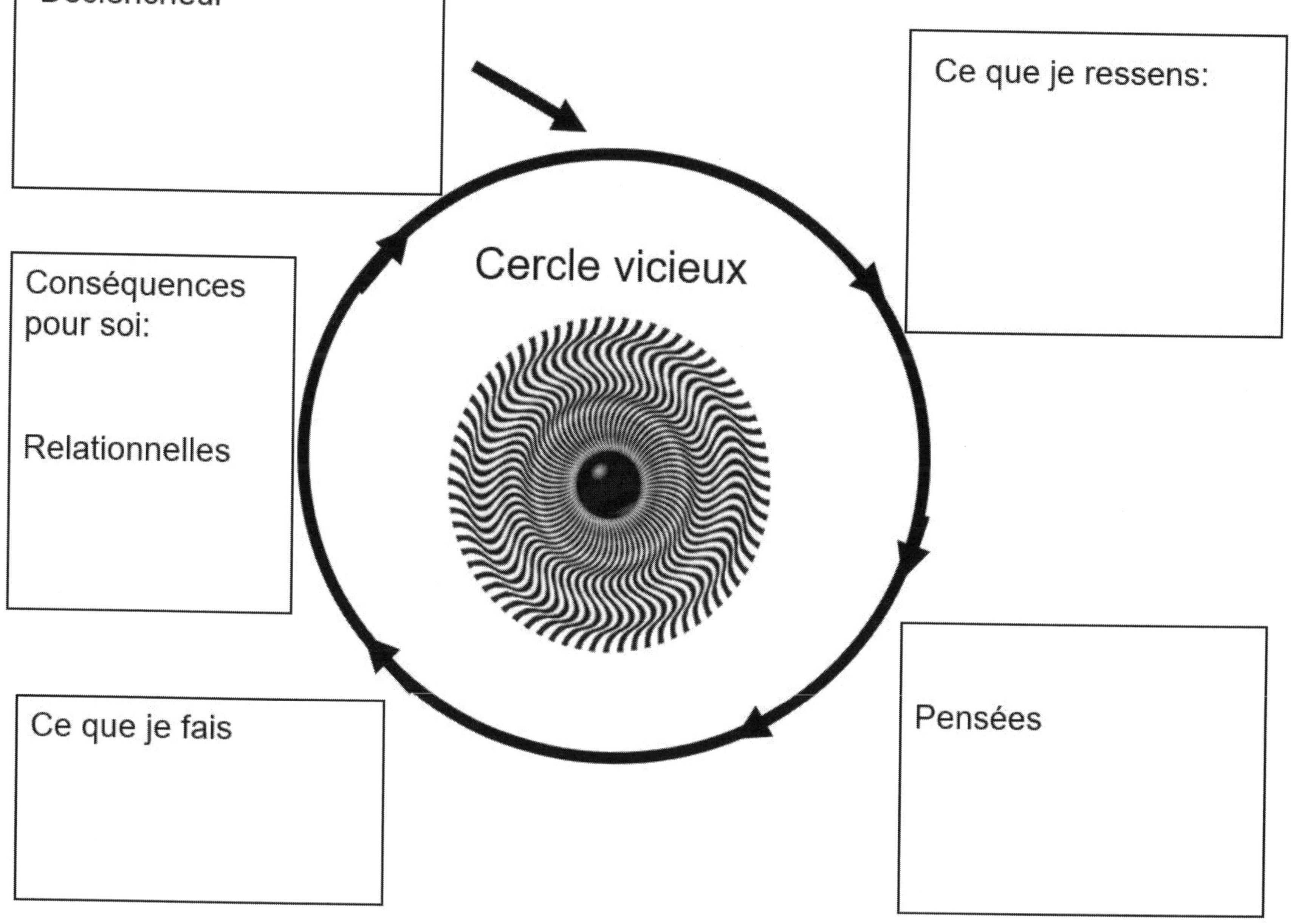

Evaluer l'attraction d'un problème

Déclencheur

Ce que je ressens:

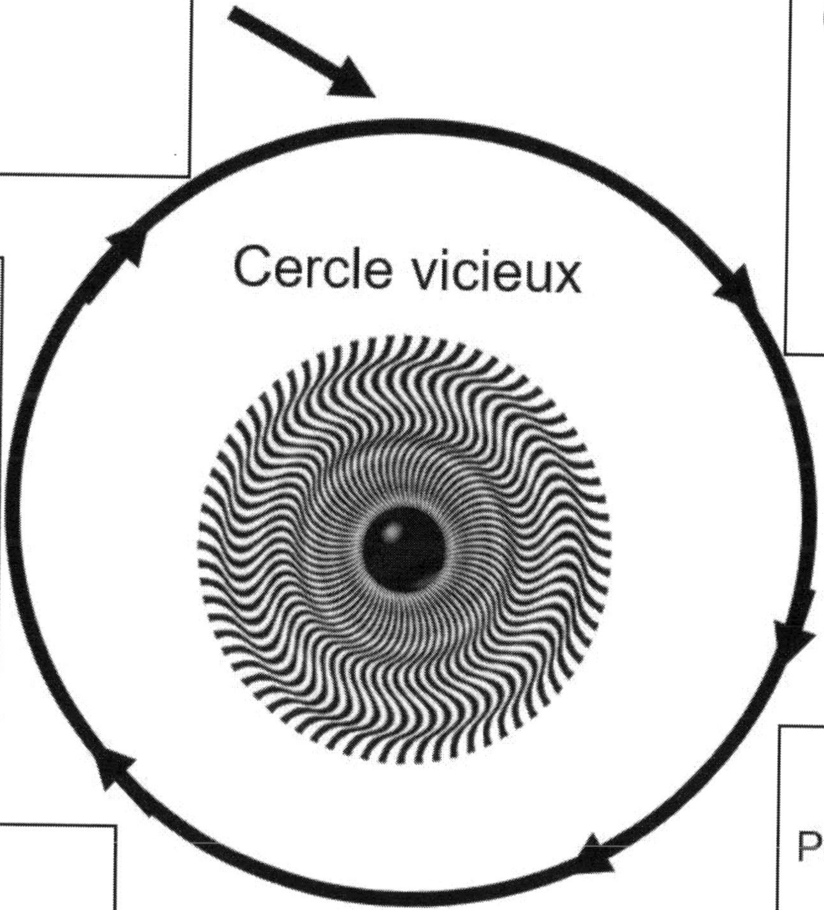

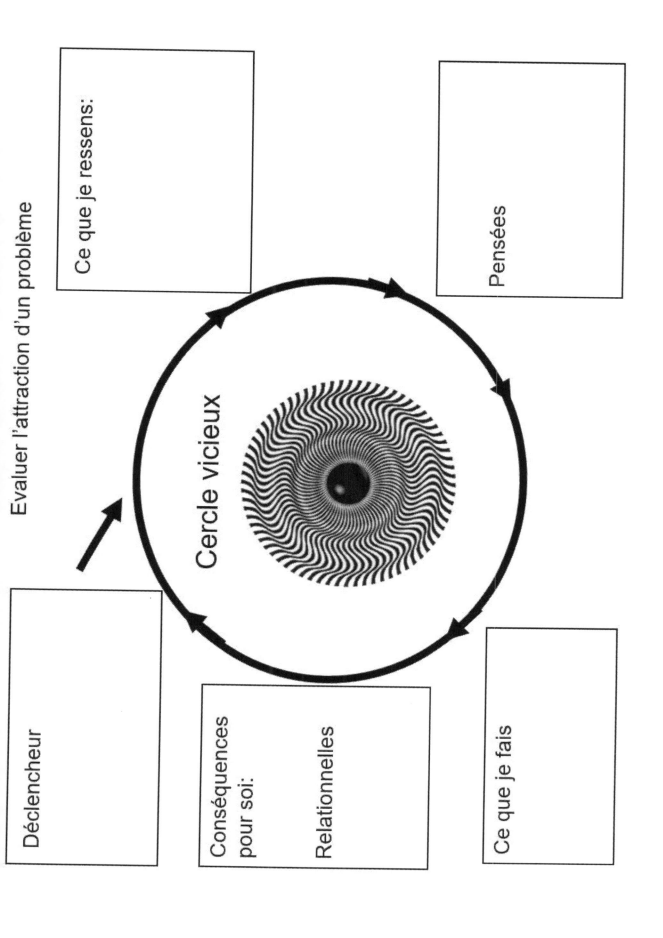

Conséquences pour soi:

Relationnelles

Pensées

Ce que je fais

Expérience de focalisation	1	2	3	4	5	6	7	8	9	10	

Manœuvre Vagale.

Expirez sans effort
Inspirez une petit peu
Garder l'air un petit moment
Expirez sans effort.

On peut durant l'exercice se centrer sur la respiration, sur le battement cardiaque ou laisser venir une pensée positive pour favoriser le développement de sensations positives.

Un ralentissement du rythme cardiaque peut être observé avec la prise de pouls ou une application de lecture des pulsations.

Runtastic heart rate

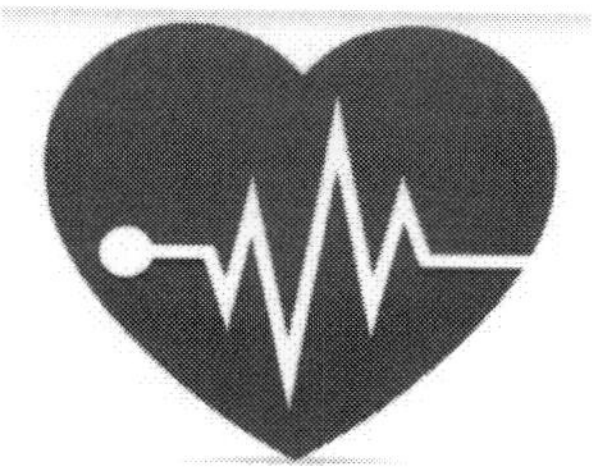

Instant Heart rate

Exercice de cohérence cardiaque Neutral

Etape 1

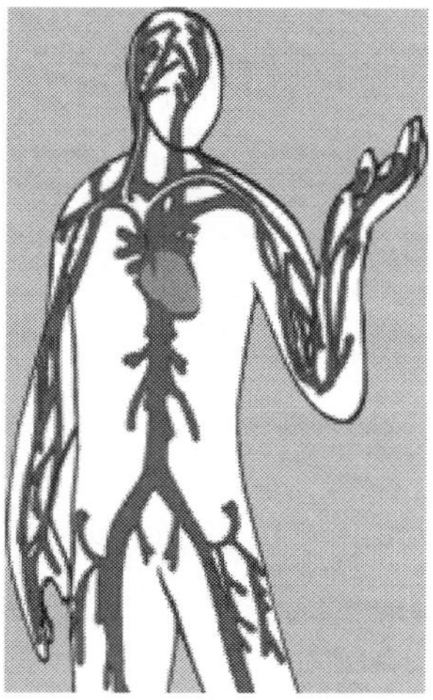

Focalisez simplement votre attention sur la zone du cœur et la zone qui entoure le cœur. Pour vous aider vous pouvez placer votre main sur votre cœur

Etape 2

Inspirez lentement et profondément (environ 5 secondes), comme si l'air entrait par votre cœur, puis expirez de la même façon, comme si l'air sortait par votre plexus solaire, jusqu'à ce que votre respiration devienne calme et régulière. Faites cela pendant environ 1 minute et notez le changement.

Technique du Gel de l'émotion

Focalisation
Stop !
Crise de calme
Évocation mentale de la situation
Questions

Apprendre à s'arrêter en situation de crise, pour bien ressentir et bien analyser la situation dans laquelle on se trouve.
Détourner volontairement son attention de la situation problème, se centrer sur le rythme cardiaque ou le rythme respiratoire.

Utiliser la crise de calme, l'évocation positive, (l'ancre positive en Pnl ou la safe place en hypnose clinique).

Ensuite reprendre la situation sous un angle plus réflexif pour la regarder à distance et plus sereinement.

Utiliser une fiche synchronie mentalement ou physiquement.

Pour référence voir l'ouvrage de Cungi 2009

Méditation pleine conscience

Métaphore du bateau : apprendre à naviguer en eaux tranquilles pour être prêt si la tempête arrive. On empêche pas la tempête, on peut juste apprendre à ne pas couler. Le vent est la pression, si on va droit avec le vent, on est complètement dépendant de lui, soumis à sa volonté, mais si on sait naviguer, on se sert de la puissance du vent pour aller où on veut.

Vous n'échapperez pas aux petites et aux grandes catastrophes de la vie. Il s'agit d'apprendre à ne pas les ignorer pour qu'elles nous poussent sans qu'on le sache vers la où on ne veut pas. Mais plutôt garder le cap, rester en contrôle.

Le contrôle : Vous avez la responsabilité de vous-même, de votre bien-être, de votre santé. Les autres, amis, thérapeute, ne sont là que comme assistant, comme soutien. Ne laissez jamais quelqu'un d'autre que vous prendre le gouvernail. Mais n'ayez pas peur de prendre des cours de navigation ou de demander conseils.

La mindfulness :

Définition : Pleine conscience de l'instant présent, de soi surtout mais aussi de ce qui nous entoure. Cela nécessite de prêter attention, d'être conscient, du présent à chaque instant, sans jugement. L'idée est nous sommes ici et maintenant, et que c'est largement suffisant. Savoir être dans le présent, apprécier le présent, être ouvert à ce qui peut surgir. C'est un état, pas une action. C'est être et pas faire ou avoir. C'est pouvoir, de temps à autre, arrêter de courir et être là, calme et détendu parce que plus rien ne presse plus rien n'est négatif ni vraiment positif.

Premier principe : le non jugement :

Le plus important ici est d'être un peu indulgent avec vous-même. Ne pas se juger soi-même. Lorsque vous pratiquez la mindfulness étant donné que vous ne faites rien, vous aurez beaucoup de pensées qui vont se bousculer, surtout lors de la méditation. Beaucoup de ces pensées sont des jugements, sur ce que vous êtes entrain de faire: « c'est nul d'essayer de rien faire », sur vous-même : « je suis plus nulle que les autres d'avoir besoin de cours pour me détendre », « j'aurais pas du mettre ce pantalon j'ai l'air grosse », « je suis juste entrain de faire n'importe quoi, je suis nulle pour la méditation ». C'est des jugements, des petites productions de votre esprit que vous allez laisser passer. Ce n'est pas grave de les avoir. Laissez les juste filer, et s'ils filent pas, chassez-les.

Deuxième principe : Patience et absence de but.

Vous assistez à ce cours chacun avec un but en tête. Oublier votre but. Par définition le cours est fait pour être vécu dans le présent, si les choses doivent s'améliorer elles le feront, et c'est tant mieux. Pour l'instant vous êtes ici, dans l'état ou vous êtes, tendu ou pas, préoccupé ou pas. N'attendez pas qu'après 10 minutes de méditation vous allez changer ou devenir quelqu'un de zen ou quoique ce soit. Si vous êtes orienté vers un but par définition vous n'êtes pas orienté vers le présent, et vous passez à côté de la mindfulness. Dans la même idée, n'en parlez pas trop autour de vous. C'est vos expériences, c'est pour vous. C'est une attitude à adopter au quotidien aussi. Les études ou toutes autres activités que vous faites ont un but, souvent seul le but semble important – réussir ou rater. Apprendre à apprécier le chemin peut apporter plus d'apaisement et aléger la pression par rapport au but.

Troisième principe : observer, accepter, se rendre compte.

On fait tous des choses sans réfléchir, en réagissant sur le moment, qui par la suite nous semblent passablement stupide. Manger sans avoir faim, fumer ou boire trop, faire du shopping sans avoir d'argent, aller sur internet au lieu de réviser, vous êtes agressifs avec des gens que vous aimez. Ce sont souvent des comportements de fuite provoqués par de sentiments désagréables du type tristesse ou angoisse. Quand vous sentez que vous allez faire ces choses regardez un peu ce qui se passe en vous. Qu'est ce qui va pas ? Et quelque soit ce que vous pouvez y trouver regardez, respirez, sans trop vous jugez. Tout le monde à des motivations particulières, des peurs, des angoisses qui nous font agir de manière contre productives. Après cela allez fumer, au cinéma au lieu de réviser si vous en avez toujours envie. Le premier pas en tout les cas est la conscience et l'acceptation. Regardez-vous fonctionner au jour le jour, soyez votre psychologue ne vous jugez pas, on fait tous de notre mieux. Et petit à petit vous pourrez agir grâce à cette nouvelle conscience.

4e principe Begginers mind

Nous fonctionnons souvent de manière automatique, sans réfléchir à ce que nous faisons et pourquoi. Alors ça rend service parce que ça évite la surcharge mais est-ce qu'on sait encore ne pas être en automatique ? Être pleinement conscient de ce qu'on fait. Ça peut également impliquer redécouvrir des choses très simple. L'idée est de temps à autre d'adopter un point vue neuf, comme si vous découvriez des choses pour la première fois, boire de l'eau, respirer, marcher, ce que vous voulez mais en y prêtant toute votre attention. Cela aide à s'ancrer dans le présent et dans la simplicité. Appliquez par exemple ce regard curieux et bienveillant sur votre corps et vos pensées. Et ainsi au final vous êtes en réel contact avec vous-même, vous savez ce que vous voulez et vous pouvez enfin commencer à ne pas juste réagir dans l'urgence et l'incompréhension mais à faire ce qui est le mieux pour vous.

La méditation :

Cultiver la mindfulness est indissociable de la méditation. Qu'est-ce que la méditation ? C'est la méditation formelle est assise et en silence. La médiation n'est pas une action avec un but. C'est juste être. Être là, maintenant.

Un mot clé pour la méditation : respiration. La respiration est la seule fonction vital qui peut être et automatique et contrôlée.

→Votre respiration est toujours là. A tout moment dans toutes les situations ou vous pouvez vous trouver, à un examen, à un enterrement, à votre mariage, elle sera toujours là. L'idée est d'apprendre à s'en faire une aliée. Une aliée pour être dans le présent, pour se recentrer.

→ Se concentrer sur sa respiration c'est écouter son corps, l'air qui rentre par le nez, les poumons qui se gonflent, l'air qui sort.

→ La respiration est un acte du présent, on peut difficilement penser à une autre respiration que celle du présent. Seule celle que vous faites maintenant compte et vous maintient en vie.

→ La respiration se fait ici avec le ventre. Cela masse vos organes internes, et c'est plus profond. Vous pouvez essayer d'alterner une respiration avec les côtes puis une avec le ventre pour bien sentir la différence. Respirer avec le ventre demande plus de concentration, c'est donc plus facile d'y penser.

→ Les expirations sont très importantes, elles doivent être contrôlées et très profondes. Quand vous faites du sport expirez toujours bien, quand vous méditez expirer toujours pleinement.

Vous verrez, il est pas très difficile de se concentrer sur 3 ou 4 respiration, au-delà notre esprit trouve facilement des choses plus existante à faire. Rappelez vous qu'on ne cherche pas l'excitation, pas l'action ici. On explore la non-action. Pour une fois vous avez le droit de ne rien faire. Vous n'êtes pas débordé. Vous respirez. Mais l'esprit vagabonde. Même après des années d'entraînement l'esprit va toujours trouver le moyen de se faire du soucis, de critiquer, de planifier, de se souvenir, d'angoisser, de rêver, en résumé il va partir loin de la respiration. Il se peut que cela dure quelques instants, sans que vous ne vous en rendiez compte. Quand vous vous en rendez compte, constatez simplement ce qui a attiré votre attention, ne vous jugez pas, c'est normal et pas grave, ramenez simplement votre esprit à l'instant présent et à votre respiration. Ce n'est pas toujours facile de ramener son esprit, suivant le coté invasif des pensées. Faites le en douceur sans violence.

Quand vous méditez, essayez de privilégier d'autres sens que la vue, Le visuel à une telle importance à l'heure actuelle qu'on prend peu le temps d'écouter ses autres sens. Garder les yeux fermé ou fixés sur le sol.

La position peut devenir un peu inconfortable mais essayez de ne pas bouger. Si vous avez quelque tensions dans les jambes, le dos, constatez les, observez cette gène de manière curieuse, ne jugez rien. Ne bougez que si vous n'arrivez plus à contrôler. Bougez sans agitation, la douleur est simplement un message du corps, elle n'est pas grave.

Métaphore de la rivière : Vous pouvez essayer de voir vos pensées comme des feuilles tombant sur une rivière, regardez les passer, ne partez pas avec elles. Soyez un spéctateur attentif, mais pas trop impliqué, assis au bord de la rivière.

Le stress – Au travail – Dans les études

De manière général le stress vient de l'impression que l'on ne va pas pouvoir maitriser une situation. Peur que quelque choses de significatif nous échappent.

Le stress se ressent physiquement, les crampes dans le ventre, le cœur qui bat, la transpiration. Observez votre corps et vos pensées. Qu'est ce que vous avez l'impression de ne pas pouvoir surmonter ? Quelle est la difficulté ? Regarder la réponse qui survient. Ne la jugez pas, ne vous jugez pas. Vous êtes en droit d'avoir des appréhensions pour tout ce que vous voulez. Regardez-les découvrez les, acceptez les. Connaître les raisons de notre stress est une première étape.

→ Il y a des moments d'étude et des moments de détente. Soyez entièrement dans ce que vous faîtes. Comme avec votre respiration lors de la méditation. Tout est là devant vous, et ce tout mérite votre pleine attention. Vous êtes avec un ami, soyez avec lui, écoutez ce qu'il dit, regardez-le. Cela ne sert à rien de penser à vos révisions ou courses à faire. Sauf à vous fatiguer. Apprenez au moins à vous concentrer sur les choses agréables, à les vivre pleinement.

→ La flexibilité mentale, le contrôle des pensées, exercez cela au quotidien. Ramenez votre esprit dans le présent, ici et maintenant, sur votre lecture, sur le cours.

→ Essayez aussi de vivre pleinement les choses qui vous paraissent moins agréables. Vous avez un livre à lire pour vos cours ? Vous ne le lisez pas sans raison et de toute façon vous y êtes obligé : pourquoi ne pas en faire une occasion de pratiquer votre mindfulness. Soyez pleinement avec ce livre. Sans musique, sans stimulation autres que le livre. Avec votre attention dessus. Donnez lui une chance d'être intéressant. Si votre esprit vagabonde, ramenez le gentiment, exactement comme lors de « l'entraînement » que peut constituer la méditation assise.

→ Dans le tumulte de la journée même les plus chargée vous avez des moments de détente possible. Commencez la journée en respirant un coup, peut être dans l'ascenseur, dans votre lit, prenez le temps entre des activités très différentes de respirer plusieurs fois avec mindfulness pour clore l'activité, vous ancrer dans le présent, et être prêt pour la suite. Vous mangez à midi, contentez vous de manger, soyez à 100% avec votre nourriture. Vous prenez 5 minutes de pause, faites vraiment une pause. Coupez la ligne du temps qui passe trop vite pour apprécier le temps qui ne bouge pas. Respirez, prenez 5 minutes pour méditer, de manière formelle. Et de manière générale, dès que vous y pensez et que cela s'y prête soyez conscient. Soyez dans le bus avec mindfulness, marchez avec mindfulness.

→ Dernier point : votre corps. Cette technique, de part ses orgines orientale, aime mettre l'accent sur le corps et le lien entre le corps et l'esprit. Se stresser rend malade. On tombe souvent malade après les examens. Le corps est en permanence prêt à s'enfuir en courant ou à se battre quand on est stressé c'est initialement à cela que le stress sert. Par la respiration vous pourrez calmer votre corps, en arrêtant les soucis continuels vous calmerez votre corps. Mais si vraiment votre corps veut partir en courant, allez-y ! Allez courir, si vous avez des problèmes d'articulation, allez nagez ! Le sport libère des endorphines, le sport est ce qu'on peut appeler du bon stress pour le corps. Le sport détend et rend heureux. Faites du sport… et si vous voulez mettre toute les chances de votre côté, essayez de faire du sport en état de mindfulness!

Intervention ciblée basée sur la mindfulness

Session de méditation sur les pensées :

Dans ce type de méditation, vous allez toujours garder la respiration comme base de votre calme et concentration. Mais vous allez en quelque sorte observer votre cerveau. Avec le regard du débutant. Regardez ce qu'il fait, quelles pensées viennent, comment elles viennent. Est-ce qu'elles ont un effet sur votre corps sur votre respiration ? Les pensées ont toutes des raisons d'être mais n'ont aucune valeur de vérité. Ce sont juste comme des bulles échappées de votre tête. Vous les laisser sortir. Sans fermer et secouer la bouteille, vous laissez sortir. Comportez-vous de même avec les pensées et jugements sur la médiation et la méthode elle-même. Et si l'observation de votre flot de pensée commence à vous fatiguer, revenez un moment sur votre respiration. Laissez-la vous calmer, vous recentrer.

Parmi les 4 piliers de la mindfulness abordés au premier cours : non-jugement, patience et absence de but, esprit du débutant et observation et acceptation, c'est ce dernier point qui est important lors de la 2e séance.

Il s'agit d'apprendre à observer ce qu'il se passe dans la tête ainsi que dans le corps, d'en prendre conscience et de l'accepter.

Certains comportements contre productifs (déjà discutés lors de la première séance) prouvent qu'on ne s'écoute pas toujours très bien et que donc, on ne se connaît pas aussi bien qu'on le pense. On ne sait par exemple, pas toujours quoi faire pour se faire réellement du bien. Dans d'autres situations, on croit savoir quoi faire mais il s'agit en réalité de « fausses croyances » fausses car elles n'amènent pas à une augmentation du bien être, au contraire.

Au niveau de la tête, après avoir exploré les jugements, voici deux types de pensées. Une concernant le passé et une concernant l'avenir.

1. Les ruminations :

Après un événement marquant et souvent négatif, de manière générale les gens font deux choses :

- Ils ressassent le passé pour comprendre ce qui a bien pu se passer et comment, ils s'en veulent, se critiquent et se dévalorisent, ils y repensent encore et encore. C'est ce qu'on appelle les ruminations. Ca a pour but d'essayer de maitriser sa vie et de tirer des leçons du passé. Ca a souvent pour résultat de rendre les gens tristes et démotivés et a assez peu d'efficaces pour la résolution des problèmes, surtout après 3 jours passés à se faire des reproches en boucle.
- Une autre attitude peut consister à fuir toutes pensées ou émotions attachées à l'événement. En faisant, si possible, un grand nombre d'activités pour ne pas avoir le temps de penser, souvent des activités à haute stimulation, voir même des activités à risque. Il reste que le soir avant de dormir, certaines pensées peuvent revenir et là, il devient dur de les éviter et de dormir.

Il existe, de toute évidence une 3e solution qui est l'approche basée sur la mindfulness.

- Des pensées sur l'événement vont venir à vous immanquablement. Ne les considérez ni comme vos meilleures amies ni comme vos pires ennemies. Elles sont normales et ne change pas la réalité, il ne sert à rien de s'y laisser enfermer, surtout si vous êtes en train de faire autre chose comme voir vos amis ou même manger.

Quand une pensée négative et sur le passé vous vient : observez cette pensée, constatez que vous avez, réalisez que vous n'êtes pas très bien, même physiquement à cause de cette pensée. Dites vous que d'avoir cette pensée n'est pas mal, que même si vous pensez être nul ça ne va rien changer aux yeux des autres et laissez cette pensée sortir de votre tête. Rappelez-vous que quoiqu'il se soit passé dans le passé, le présent est là et il existe. Ne reniez pas le présent à cause d'un événement passé. Accordez au présent toute l'attention qu'il mérite.

Cercle noir : Vous avez déjà remarqué comme des fois les ennuis s'enchaînent ? Beaucoup parlent de malchance mais pensez à ceci : J'ai un exemple d'un ami, il devait partir en vacances en train, mais il loupe son train, il doit attendre une heure. Il sort de la gare très énervé contre lui-même et la terre entière et il se fait voler son sac. Résultat il est encore plus énervé contre le monde. Des fois on est tellement absorbé par le passé qu'on ne fait même plus attention à ce qui est entrain d'arriver maintenant. Soit on est absent, soit on fait carrément des erreurs qu'on pourrait éviter facilement si seulement on faisait un peu plus attention à ce qu'on fait plutôt qu'à ce qu'on a fait il y a 2 jours.

Action : Le conseil n'est pas de ne jamais penser au passé et de toujours ne faire qu'accepter ces pensées négatives. Le but est de consacrer un réel temps pour faire un bilan sur une situation passée sans que ce bilan envahisse toutes vos activités quotidiennes. Le but donc de prendre un moment où votre présent est : repenser à une situation passée et essayer de trouver des solutions. Pendant ce moment vous essayerez d'être ouvert et honnête sur ce qui s'est passé, de ne pas vous juger et le plus rapidement possible d'essayer d'orienter vos réflexions sur des actions possibles, sans pour autant faire taire brutalement les données émotionnelles.

2. Les inquiétudes :

De l'autre côté il y a les soucis sur le futur. Les planifications en boucle sur ce qui va se passer et qu'on a peur de rater. Il s'agit de nouveau d'un essai de maîtrise.

<u>Par exemple</u> : Vous avez une présentation importante à faire dans quelques jours. Travaillez votre présentation, dégagez suffisamment de temps pour être prêt concrètement. Préparer quelque chose d'angoissant est par nature angoissant, et désagréable. Prenez un moment pour observer ces sentiments, dans votre tête, dans votre corps, regardez ce qui vous gène vraiment, soyez honnête avec vous-même, de toute façon vous ne serez pas jugé. Reconnaissez ces peurs, donner leur le droit d'exister et laissez les descendre le long de la rivière. Même chose concernant les jugements.

Une attitude courante consiste à essayer d'anticiper mentalement tout ce qui pourrait arriver de mal ou de traumatisant. La tendance est de penser qu'en anticipant le pire, une fois qu'il arrivera on sera préparé et il n'aura pas d'effets sur nous. L'effet en réalité sera plutôt de se sentir mal à l'avance puis de se sentir tout aussi mal pendant voir même après si on rumine l'événement. Anticiper une ou deux fois permet de trouver des plans B, au delà ca permet surtout de se sentir mal.

Dans les anticipations, essayez de faire la part des choses entre ce qui est maitrisable et ce qui ne l'est pas. Agissez sur ce que vous pouvez, et pour le reste prévoyez large, de façon à pouvoir « absorber » le hasard.

Dans votre planification, prenez en compte vos limites, notamment au niveau de la concentration. Vous ne pouvez pas être à 100% tout le temps. Vous aurez besoin de faire le plein et ceci pourra être fait en faisant des pauses ou vous êtes réellement occupé sur autre chose, en le vivant pleinement, en ne vous laissant pas déstabiliser et fatiguer par des ruminations ou par des inquiétudes.

Observation du corps :

Dans toutes les situations, votre corps est votre allié. Souvent on le néglige. Il est un très bon indicateur pour prendre des décisions. Des études ont été faites sur une population de gens lésés au cerveau, dans la partie frontale. Ces gens sont soit des délinquants soit, sont instables, conflictuels et se mettent continuellement dans les mauvaises situations. Les chercheurs ont trouvé que cette lésion cause une rupture de l'information corporelle remontant au cerveau. Si vous regardez dans le vide vous vous sentez mal, alors vous reculez. Avant de sautez en parachute vous ne vous sentez en principe pas très bien, alors vous vérifiez assez sérieusement si tout est fiable.

Si votre ventre est noué, demandez-vous pourquoi : vous vous posez la question, acceptez tous types de réponse pouvant en découler et ensuite agissez. N'ignorez pas les symptômes physiques ! Si vous avez mal à la tête ou au dos, il peut s'agir d'un stress un peu plus avancé. N'en voulez pas à votre corps de vous compliquer la vie. Prenez conscience de vos limites, acceptez-les, prenez les décisions qui s'imposent comme : essayer de diminuer votre niveau de stress en améliorant votre gestion du stress ou en réaménageant votre emploi du temps au possible.

Quelque soit les problèmes que vous pose votre corps, essayez de porter le même esprit bienveillant et acceptant que vous avez appris à mettre sur vos pensées.

Quand vous mangez, demandez-vous de temps à autre si vous avez vraiment envie de ses choses à l'intérieur de votre corps. Si vous ne savez pas ce qui est bon ou pas pour vous de manger, observez votre corps et votre esprit après un repas. Vous sentez-vous plus en forme ou au contraire un peu lourd ou somnolent ? Même chose pour le sport ou pour l'absence d'exercice. Qu'est ce qui est bon pour votre corps ?

Maladie : Le système immunitaire est très affecté par le stress. Une personne stressée tombe plus malade, surtout si c'est un stress prolongé. Si vous tombez malade ne vous accusez pas, ni vous ni votre corps, mais regardez ce qui se passe dans votre vie qui vous fragilise. Peut être que vous ne vous rendiez pas compte mais quelque chose vous fatigue. Prenez conscience de ses choses qui vous usent.

Le Yoga :

Le yoga est bénéfique pour plusieurs raisons. Tout d'abord ce sont des mouvements adaptés à la santé du corps, qui sont bon pour le tonus et la souplesse, qui sont deux éléments très important de la santé du corps. Ensuite, comme ce sont des mouvements lents, il est possible de les pratiquer en état de mindfulness. C'est-à-dire que pendant toute la séance de yoga vous allez vous concentrer sur 2 choses : la respiration et vos sensations corporelles. Restez concentré sur les mouvements. Respirez chaque fois pleinement pour détendre les muscles.

→ Il est important de savoir dans quel état est son corps chaque jour. Il y a des variations. Certains jour on est plus en forme que d'autres, on couve une maladie, on ne devrait pas trop manger, ou au contraire on a besoin de calorie aujourd'hui, on est déshydratés, une articulation est douloureuse etc. Si vous connaissez l'état de votre corps, parce que vous avez choisi par exemple de passer 5 minutes à l'observer sans le juger le matin, vous agirez mieux avec lui.

Apprenez à apprécier vos propres capacités, ne forcez pas ne vous faites pas mal. Ne jugez pas votre souplesse ou votre résistance.

.e sommeil

Je pas pouvoir s'endormir, se réveiller souvent, se réveiller fatigués. Les problèmes principaux viennent 'une agitation dans la tête et dans le corps. Des pensées sur le passé ou le futur en principe. Si il s'agit 'un moment ou tout se bouscule dans votre tête, essayez un peu de méditation couchée, comme lors e la méditation assise mais fermez les yeux et concentrez vous sur votre respiration. Vous aurez assez ite envie de retourner à vos traquas, de bouger, de vous retourner. Insistez. Sinon essayez l'exercice du **ody scan**.

'idée pour le body scan est la suivante : Couchez vous sur le dos. Vous allez porter votre attention de nanière consciente et bienveillante sur votre corps, moment après moment, partie du corps après partie u corps. Adopter le regard du débutant. La respiration est toujours très importante, tout comme la ensation de contact et de poids avec le sol (matelas, literie, etc.). A chaque inspiration sentez l'air qui escend jusque dans vos doigts de pieds. Concentrez votre attention sur vos pieds, les sensations dans otre pied droit. Montez gentiment le long de la jambe avec votre attention. Votre cheville – votre mollet otre genou etc. Ramenez ensuite votre attention sur votre respiration, l'abdomen. Toujours avec des espirations ventrales et profondes, puis passez à l'autre jambe ou à toute autre partie du corps.

'ous pouvez pratiquer cela dans votre lit. A vous d'essayer de trouver les partie du corps sur lesquelles ous préférez vous attarder. La tête, le dos se sont aussi des endroits assez sensibles.

➢ Si vous avez tout essayé, si vous ne pouvez pas dormir. Alors profitez pour être éveillé, pleinement veillé et conscient. Ne vous fixez pas sur le jour qui va venir et être difficile, appréciez le fait d'avoir des eures de bonus au milieu de la nuit. Personne ne peut vous appeler ou vous déranger. Vous pouvez aire des choses réellement pour vous. Lire, écrire, faire du yoga, regarder les étoiles. Ce n'est pas 1h en noins de sommeil qui changera votre vie. S'obséder sur le but de s'endormir (parce que vous devez être ès en forme le lendemain) et tout aussi néfaste que de pratiquer la mindfulness avec des buts concrets. appelez-vous, patience et absence de but, et puis c'est plutôt agréable l'instant présent dans un lit.

➢ Si vous êtes dans des périodes de stress, beaucoup de tensions s'accumulent en vous, et elles ne ont pas bonnes dans un lit. Rappelez-vous, un corps stressé est un corps qui veut se battre ou fuir en ourant, alors allez courir !! Faîtes du sport quelques heures avant d'aller vous coucher, prenez une bonne ouche en mindfulness et vous dormirez beaucoup mieux !

Grilles de transfert théorie – pratique des ateliers : A partir des découvertes ou apprentissages de ce jour, et à l'aide des outils de coaching présentés, quel projet personnel d'autocoaching vais-je mettre en place jusqu'à la prochaine fois ?

Apprentissage, découverte et prise de conscience de la séance.	Quel changement ou apprentissage désirez vous obtenir, c'est-à-dire l'objectif. Résumé par une phrase clef.	Comment : Moyens – Ressources – Organisation – Forces – Avantages – Réseau – Temps.	Obstacles : - Résistance – Faiblesse – Inconvénient – Temps

Planning : Agenda							
Activité ou projet prévu.							

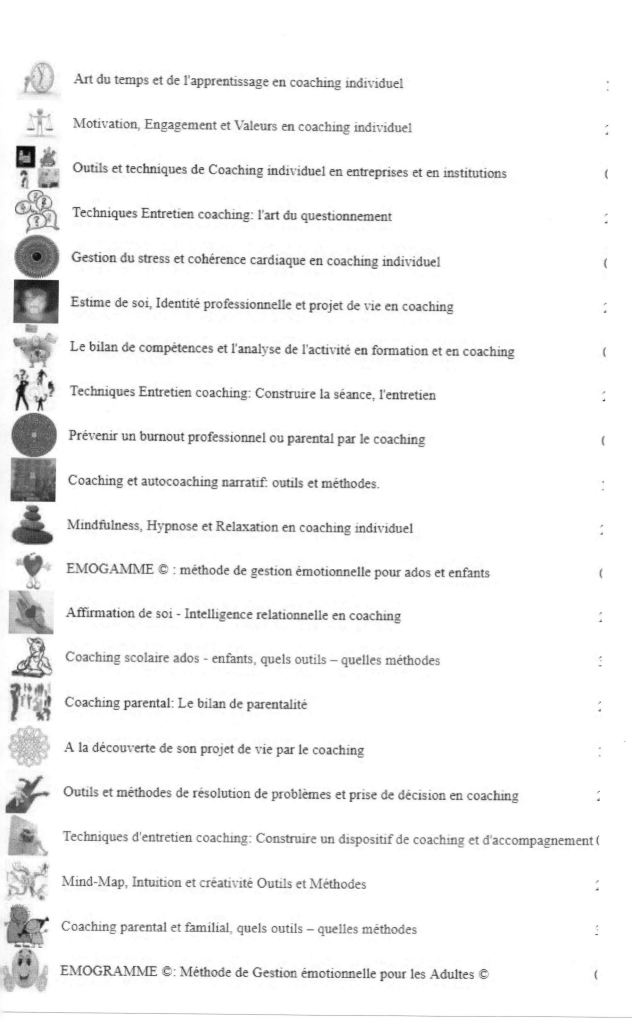

- Art du temps et de l'apprentissage en coaching individuel
- Motivation, Engagement et Valeurs en coaching individuel
- Outils et techniques de Coaching individuel en entreprises et en institutions
- Techniques Entretien coaching: l'art du questionnement
- Gestion du stress et cohérence cardiaque en coaching individuel
- Estime de soi, Identité professionnelle et projet de vie en coaching
- Le bilan de compétences et l'analyse de l'activité en formation et en coaching
- Techniques Entretien coaching: Construire la séance, l'entretien
- Prévenir un burnout professionnel ou parental par le coaching
- Coaching et autocoaching narratif: outils et méthodes.
- Mindfulness, Hypnose et Relaxation en coaching individuel
- EMOGAMME © : méthode de gestion émotionnelle pour ados et enfants
- Affirmation de soi - Intelligence relationnelle en coaching
- Coaching scolaire ados - enfants, quels outils – quelles méthodes
- Coaching parental: Le bilan de parentalité
- A la découverte de son projet de vie par le coaching
- Outils et méthodes de résolution de problèmes et prise de décision en coaching
- Techniques d'entretien coaching: Construire un dispositif de coaching et d'accompagnement
- Mind-Map, Intuition et créativité Outils et Méthodes
- Coaching parental et familial, quels outils – quelles méthodes
- EMOGRAMME ©: Méthode de Gestion émotionnelle pour les Adultes ©

ertification Educh.ch de Formateur – coach individuel

duch.ch SARL est membre de la fédération suisse des centres de formation pour adultes. (FSEA)

e niveau des formateurs impliqué dans la formation est au minimum le brevet fédéral FSEA.
es méthodes et les outils présentés sont principalement inspirés des recherches en formation des adultes de la aculté de psychologie et des sciences de l'éducation de Genève.

près le quatrième atelier, vous pouvez demander votre inscription sur l'espace dokeos certification, ainsi que le arnet d'attestation de certification continue FSEA.

Les conditions d'obtention de la certification Educh.ch sont :

voir suivi à choix 12 ateliers du programme de formation Educh.ch sarl durant une période qui dépend de votre ropre planification.

résenter un projet d'accompagnement ou de suivi de coaching individuel pour lequel vous preniez appui sur vos ompétences et expériences de vie précédant la formation Educh.ch ainsi que la mobilisation d'outils et néthodes issus des ateliers.
es critères essentiels d'évaluation sont : la cohérence, la légitimité et la crédibilité de votre dispositif et du ocument projet.
e document entre 15 et 20 pages A4 est composé :

un résumé type bilan de compétences ou CV (parcours de formation, expérience professionnelle)

la description de votre dispositif d'intervention (Contexte, réseau, but, moyen, planification, évaluation, upervision)

le profil de vos clients et leur demande.

Le contrat

Les outils, méthodes et processus envisagés.

Présentation de l'exercice pratique

Retour réflexif sur la démarche

eux formes possibles :

- **A** Présentation de deux suivis de coaching résumé en 5 – 8 pages du parcours d'accompagnement.
- ou
- **B** Présentation d'une retranscription complète d'un entretien et de son analyse réflexive.

essentiel du travail étant la qualité de votre réflexivité, la légitimité de votre intervention et sa cohérence.
haque travail est évalué de manière individuelle, car il fait partie du résultat du parcours de formation. Bon arcours et n'hésitez pas à poser toutes questions utiles à votre formation.
our toutes questions complémentaires, n'hésitez pas à les déposer sur le forum du site dokeos.educh.net.
équipe Educh.ch Janvier 2019

Bibliographie de l'atelier Educh.ch

André, C., & Muzo. (2002). Petites angoisses et Grosses phobies. Seuil.

André, D. C., Legeron, D. P., & Lelord, D. F. (1998). La gestion du stress. Bernet-Danilo.

Bergès-Bounes, M., Bonnet, C., Ginoux, G., Pecarelo, A.-M., & Sironneau-Bernardeau, C. (2008). La relaxation thérapeutique chez l'enfant : Corps, langage, sujet. Masson.

Berghmans, C. (2010). Soigner par la méditation (1er éd.). Elsevier Masson.

Berghmans, C., & Tarquinio, C. (2009). Comprendre et pratiquer les nouvelles psychothérapies : Cohérence cardiaque, relaxation, médiation, hypnose, EMDR, Taï-chi-chuan, Qi gong. InterEditions.

Cancelliere, V.-M., & Riba, F. de. (2003). La réponse apaisante au stress. Jouvence.

Childre, D. L., & Rozman, D. (2003). Transforming Anger: The HeartMath Solution for Letting Go of Rage, Frustration, and Irritation (illustrated edition.). New Harbinger Publications.

Childre, D. L., & Wilson, B. C. (2007). The Heartmath Approach to Managing Hypertension: The Proven, Natural Way to Lower Your Blood Pressure (1er éd.). New Harbinger Publications.

Childre, D., & Martin, H. (2000). The HeartMath Solution: The Institute of HeartMath's Revolutionary Program for Engaging the Power of the Heart's Intelligence (1er éd.). HarperOne.

Childre, D., Martin, H., & Beech, D. (2005). L'intelligence intuitive du coeur : La Solution HeartMath. Ariane Editions.

Cungi, C. (2006). Savoir gérer son stress en toutes circonstances. Retz.

Cungi, C., & Deglon, C. (2009). Cohérence cardiaque : Nouvelles techniques pour faire face au stress. Retz.

Cyrulnik, B. (2009). Un merveilleux malheur. Odile Jacob.

Deglon, C., Martin, H., & McCraty, R. (2006). Les premiers pas avec la cohérence cardiaque. P.I. conseil.

George, G. (2005). Ces enfants malades du stress. Pocket.

Goleman, D. (2003). L'Intelligence émotionnelle. J'ai lu.

Hanh, T. N. (2007). La plénitude de l'instant : Vivre en pleine conscience. Marabout.

Kabat-Zinn, J. (2005). Où tu vas, tu es - Apprendre à méditer pour se libérer du stress et des tensions profondes. J'ai lu.
Kabat-Zinn, J. (2009). Au coeur de la tourmente, la pleine conscience - MBSR, la réduction du stress basée sur la mindfulness : programme complet en 8 semaines. De Boeck.
Kabat-Zinn, J. (2011). L'éveil des sens : Vivre l'instant présent grâce à la pleine conscience. Pocket.
Langen, D. (2000). Le training autogène (VIGOT.). Vigot Maloine.
Languirand, J. (2002). Vaincre le Burnout. Stanke.
Légeron, P. (2003). Le stress au travail. Odile Jacob.
Maex, E. (2007). Mindfulness : apprivoiser le stress par la pleine conscience : Un programme d'entraînement de 8 semaines. De Boeck.
O'Hare, D. (2008). Maigrir par la cohérence cardiaque. Thierry Souccar Editions.
Rozman, D., & Childre, D. L. (2005). Transforming Stress: The Heartmath Solution For Relieving Worry, Fatigue, And Tension (illustrated edition.). New Harbinger Publications.
Rozman, D., & Childre, D. L. (2006). Transforming Anxiety: The Heartmath Solution to Overcoming Fear And Worry And Creating Serenity. New Harbinger Publications.
Sadlier, K. (2001). Le stress post-traumatique chez l'enfant. Presses universitaires de France - PUF.
Segal, Z., Williams, J.-M.-G., Teasdale, J., & Collectif. (2006). La thérapie cognitive basée sur la pleine conscience pour la dépression : Une nouvelle approche pour prévenir la rechute. De Boeck.
Servan-Schreiber, D. (2005). Guérir le stress, l'anxiété et la dépression sans médicaments ni psychanalyse. Pocket.
Sirven, R. (2009). Relaxation thérapeutique pour adolescents : Guide de pratique psychosomatique. De Boeck.
Weller, S. (2003). 20 techniques de respiration pour évacuer stress, fatigue et anxiété. Véga.
Willem, J.-P. (2005). Aroma-stress : 20 huiles essentielles pour vaincre le stress. Albin Michel.

Printed in Great Britain
by Amazon

16266184R00084